話しベタなあなたに贈る

朝礼 スピーチ 雑談

そのまま使える
話のネタ100

西沢泰生
Nishizawa
Yasuo

かんき出版

はじめに
話しベタなあなたに贈る、相手の心をとらえる秘宝

この本は、

「アガリ症で話しベタ」

「人前で話すのが怖い」

「それなのに、人前で話す機会がある」

と、そんなあなたへ、一生モノの「秘宝」を贈る本です。


想像してみてください。


50人の社員の前で朝礼の5分間スピーチをしているあなた。

後輩の結婚披露宴で、お祝いの挨拶をしているあなた。

取引先の会議室で、お客様を前にビジネスの提案をしているあなた……。

頭に描くだけで、緊張して口から心臓が出てしまいそうですよね。

それもそのはず。

何かの本で読んだのですが、**大人が「恐怖に思うこと」のナンバー1は「人前で話をすること」**なのだそうです。

「人前で話すこと」は、なぜ、そんなに怖いのでしょう?

それは、「うまく話せないのではないか?」「恥をかくのではないか?」という恐怖を感じるからにほかなりません。

そして、そう思ってしまう**最大の原因は、「何を話したらよいのかわからない」ということ**なのです。


私の知人で、もう1000回以上も講演会を経験している人が、信じられないことを言っていました。

「私、アガリ症なんです」

その言葉を聞いた私は耳を疑いましたね。

だってあなた、講演会を1000回ですよ、1000回!

思わず、「アガリ症なのに、どうして何百人もの人たちの前で講演ができるのですか？」と尋ねると、その方はこんな回答をしてくれました。

「アガらないように、**話す内容について、万全の用意をして臨んでいる**からですよ」

聞けば、何を話すかを念入りに考えて台本に落とし込み、それを完璧に覚えてから登壇するのだとか。

そうすることで、アガリ症な自分でも、安心して「人前で話をすることができる」のだそうです。

そう！

「話すネタ」さえちゃんと用意できていれば、「人前で話すこと」は怖くなくなるのです！

私がこの本であなたに贈ろうとしている「秘宝」は、そんな大ピンチで強い武器になるアイテムの数々。

ズバリ言えば**「話の中に使えるエピソード」**です。

他人の興味を引く「鉄板エピソード」のネタを豊富に持っていれば、たとえ話しベタであっても、相手にヤル気になってもらったり、相手に笑ってもらったり、「へえ〜っ」と感心されたりする、**説得力のある話ができます。**

たとえば……。**私はかつて、テレビ番組の『アメリカ横断ウルトラクイズ』に出場し、決勝のニューヨークまで行って準優勝したという鉄板ネタを持っています。**おかげで初対面の人と話をするときも、それを話材にして打ち解けることができますし、突然の自己紹介でも聞いている人たちに驚いてもらうことができるのです。

それだけではありません。初めて編集者の方と打ち合わせをさせていただくときも、「以前はクイズ王でしたので、雑学の知識は豊富で、執筆のネタも幅広い引き出しを持っています」と、相手を煙《けむ》にまく……ではなく、相手にアピールすることにも役立っているのです。

繰り返しますが、こうした鉄板ネタを持っていれば、話しベタなあなたでも説得力がある話ができます。いや、ヘタに流暢にしゃべる人は、相手が「ダマされるもんか！」って思ってしまいますから、話しベタなあなたのほうが有利なくらいです。

はじめに

話ベタなあなたに贈る、
相手の心をとらえる秘宝

「朝礼で部下にやる気になってもらいたい」
「人前でスピーチをするときや自己紹介で、聴いている人たちを笑わせたい」
「商談やお客様への提案で、相手が『へぇ～』と感心する話をしたい」
「話が面白い人になって、ユーモアのセンスがある人だと思われたい、モテたい」

そんなあなた、この本でぜひ、「鉄板エピソード」を仕入れて、ケース・バイ・ケースで活かしてください！

この本が、あなたの「人前で話す恐怖」を取り除き、仕事やプライベートで「相手の心をつかむ」助けになることを願っています。

２０１７年１月

西沢泰生

本書の特徴と使い方

話しベタな人でも大丈夫なように、「誰が話してもウケるネタ」を厳選しました。また、話しやすいようにすべて口語体にしました。

ネタは全部で100本。それぞれ見開き2ページでまとめました。

01《ネタ》

4打席連続三振のあとに

かつて、「ミスタープロ野球」とまで呼ばれた長嶋茂雄さん。

若い皆さんは病に倒れたあとの現在の長嶋さんや、読売ジャイアンツの監督時代の姿しか知らないと思いますが、昔は日本のプロ野球を代表する大人気選手でした。

その長嶋さんが東京六大学野球のスター選手からプロ野球入りしたとき。デビュー戦で当時の大投手、国鉄スワローズの金田正一《かねだまさいち》さんから4打席連続三振を奪われたのは有名な話です。

苦労人の金田さんは、黄金ルーキーの長嶋さんに対して、プロの意地にかけて三振を取りにいったのですね。

このとき、金田さんにきりきり舞いをさせられた長嶋さんは、試合後のインタビューでこんな言葉を残しているそうです。

「でも、あれほどいい三振もなかった。あれほど生きた三振というのもなかった」

- [x] 朝礼
- [x] スピーチ
- [x] 雑談
- [ ] プレゼン
- [x] 接待

総合評価
★★★★★

44

それぞれのネタの使える場面として「朝礼」「スピーチ」「雑談」「プレゼン」「接待」を想定し、チェックを入れています。

ネタのレベルを「どれくらいウケそうか」という観点から5段階で評価しました。

ネタの用途例（使いみち）や効果的なアレンジ例（応用の仕方）などについても解説しています。

話のネタはいずれもそのまま使えます。「覚えるのが面倒」という方はまず傍線を引いた箇所を暗記することをお勧めします。

普通、デビュー戦で4打席連続三振したら、「自分はプロでやっていけるのだろうか？」って落ち込みますよね。

それなのに、長嶋さんは「この三振はこれからの自分の糧《かて》になる」と、前向きにとらえてまったく落ち込みませんでした。このあたりが将来、「ミスタープロ野球」になる器の大きさなのではないでしょうか。

一方、三振を奪った金田さんのほうも、空振りしても空振りしても全力でバットを振ってくる長嶋さんの姿を見て、「コイツは将来、とんでもない選手になる」と恐怖を感じたそうです。

「大物は大物の素質を見抜く」ですね。

このネタの用途例

◎「全力を出して失敗することは、必ず未来につながる」という話の前フリ。

効果的なアレンジ例

◎話を始める前に、長嶋茂雄や金田正一をどの程度知っているか聞いてみる。

スポーツ選手や芸能人など著名人のエピソードもたくさん紹介しています。

『朝礼・スピーチ・雑談でそのまま使える話のネタ100』目次

1 エピソードが持つ無限の力

2

朝礼・スピーチ・雑談でやる気を上げる話のネタ33本！

3

朝礼・スピーチ・雑談で笑えて、面白いと言われる話のネタ45本！

4 朝礼・スピーチ・雑談で「へぇ〜っ」と感心される話のネタ22本！

ブックデザイン　toki
本文イラスト　小林ラン
本文DTP　野中賢（システムタンク）

1

エピソードが持つ無限の力

point

朝礼・スピーチ・雑談にはすごい力がある

1 朝礼で運気を上げる？

朝礼。

こう聞いて、あなたはどんな印象を持ちますか？

たぶん、子どものころの思い出なら「校長先生のつまらない話」、会社に入ってからは「上司がツバをとばして自分たちにハッパをかける姿」だったり、「順番にまわってくる朝礼当番でドキドキしながらスピーチをしている自分の姿」であったりするでしょう。

いずれにしても、きっといい印象はないと思います。人前で話すことが大嫌いなあなたなら、きっと「朝礼を発明したヤツの頭をひっぱたいてやりたい」と思っているかもしれません。

しかし、**実はこの朝礼。やりようによってはものすごい力を発揮する**ことってもあるのです。

1
エピソードが持つ無限の力

たとえば、生命保険業界において、二十数年間にわたりトップセールスマンを延べ３０００人も育て上げた早川勝《はやかわまさる》さんは、某生保会社の支社長時代、「感謝の１００秒スピーチ」と題する朝礼を、なんと毎日実施していました。

この朝礼は、数名の社員が交代で1人ずつ前に出て「昨日までに起こったイイこと」を50秒、「その日にこれから起こって欲しいこと」を50秒の計１００秒で話すというもので、発表者はその場で早川さんが指名するのが決まり。つまり、全員が話すことを準備しておかなくてはならないという、朝礼嫌いにとっては地獄のようなルールなのです。

にもかかわらず、早川さんが合図をすると全員が喜々として手を挙げたのだとか。いや、それどころか回を重ねるごとにヒートアップして、自分を指名してもらうために、ジャンプして手を振りまわす者、踊りながら飛び跳ねる者、「ウッキッキー」とサルの物まねをする者までいたのだそうです。

早川さんによれば、この毎朝のハイテンションな朝礼が前向きなエネルギーを生み出し、組織の団結と運気を高めていたとのこと。

事実、早川さんが支社長になる前は成績が振るわなかったその支社は、彼が赴任してこの朝礼を実施するようになって以来、「全社平均の3倍」もの成果を上げるようになったのです。（参考『働くリーダーにだけ人はついてくる』早川勝著　かんき出版）

これはまあ、極端な例と思います。しかし、**朝礼もそのやり方や披露される話によっては、組織全体のやる気を上げて成果につなげることができる**のです。

2 講演会で人生が変わった人

朝礼に続いて、次は「スピーチが持つ力」についての話。

起業家のBさんが若いころに体験した「人生を変えたひと言」のエピソードです。

そのBさん、起業したものの、なかなか事業がうまくいかず、「自分には商売の才能がないのでは？」と悩んでいました。

それである日、「何かヒントを得たい！」と、松下幸之助さんの講演会へ出かけていったのだそうです。

そこでBさんは衝撃的な言葉と出会います。

それは、講演会の中で、松下幸之助さんが「商売の極意とは何か？」について語ったときのことでした。

「経営の神様」は、「商売の極意」について、こう言ったのです。


「それがなぁ、わしにもまだ、ようわからんのや」


この言葉を聞いたBさんは、自分の愚かさに気がついたのです。

だってそうでしょう。

一代で「世界の松下」を築いた大経営者が「まだ、商売の極意がわからない」と言っているのに、ヒヨッコの自分が「商売の才能」で悩むなど100万年早いですよね。

この講演のあと、Bさんは余計なことで悩むのをいっさいやめて、目の前の仕事に没頭した結果、成功をおさめることができたのです。


これは、講演会での「たったひと言」が1人の人間の人生を変えた例です。

スピーチには「人の人生」を変えるほどの力がある。

リンカーンやキング牧師、近年では世界一貧しい国の大統領として国連で行なったスピーチが話題になったウルグアイのムヒカ大統領（当時）など、ときに「スピーチ」は「世界」をも動かす力を持っているのです。

3 「雑談」だけで、売れた魔法

3つ目は、「雑談」の持つ力の話。

何かの本で**「すべては雑談から始まる」**という言葉を読んだことがあります。

新しい企画や新商品など、クリエイティブな何かを生み出すとき、最初にやるのは「ブレインストーミング」ですよね。

カッコつけて言っていますが、「ブレスト」＝「雑談」です。

私も、本の企画は、誰かと雑談しているときに浮かぶことが多い。

雑談には、すごいパワーがあるのです。

アイデアを出すときだけではありません。「雑談」は商談でも力を発揮します。

私がまだ、新卒として社会人になったばかりのころの体験です。

入社したのは、コピー用紙などのいわゆる消耗品の販売をする商社で、新人研修の一環として、コピー用紙を売る「飛び込み営業体験」がありました。街中の中小企業のオフィスにアポなしで飛び込んで、コピー用紙を売り込むのです。

社会人に成り立てのド新人が突然やってきて、「コピー用紙を買ってください」と売り込んできたって普通は買いませんよね。実際に、1日に40社くらい飛び込んでも、1社も買ってくれませんでした。

1日目も2日目もまったく売れず、飛び込み研修最終日の3日目も午後に突入。このままでは、「成約ゼロで飛び込み体験終了」という結果が見えてきた、最終日の夕方近く。最後になりそうな飛び込み先は、小さな雑居ビルの中の1室。活気のない薄暗い事務所で、対応してくれた担当者ははっきり言っておじいさんという年齢の方でした。

「これはとても買ってくれそうにない」と思った私は、逆にすっかりリラックスしてしまい、そのおじいさん担当者と雑談を始めたのです。

いっさい売り込みすることなく、「営業研修でこのへんをまわらせていただいているのですが、まだ1箱も売れていなくて……」と愚痴を言ったり、相手の仕事を聞いて「そうだったんですか！」と驚いたり。

そうやって話すうちに、気がつけば1時間近くも雑談をしていました。

腕時計を見て驚いた私が「そろそろ会社に戻ります」と席を立とうとしたそのとき、そのおじいさんが信じられないことを言ったのです。

「コピーの紙を売っているんだろ？　何なら1箱買ってあげるよ」

耳を疑いましたね。

だって、本当に雑談しかしていなかったのです。

それまで、一生懸命に商品のメリットを訴えていて1箱も売れていなかったのに、雑談だけをしていたら魔法のように売れてしまった！

雑談には、ヘタな売り込みを凌駕《りょうが》する魔力がある。

たぶんこれが、私が「雑談」の持つ力を認識した最初の出来事だったと思います。

point

「エピソード」が説得力を生む

第1章の核心に入る前に、本書のタイトルにある「朝礼」「スピーチ」「雑談」がいかに力を秘めているかという例をご紹介しました。

これらの3つが、人の心に何かを訴えかけることがあるということ、少しはわかっていただけましたでしょうか。

では、ここからやっとこの本の本題。「朝礼」や「スピーチ」「雑談」などに有効に作用する「エピソード力」についての話です。

1 エピソードをユーモアでコーティングする

「朝礼」「スピーチ」「雑談」の出だしの代表的なネタと言えば、よく、「天気」があげられますよね。

でも、たとえばビジネス懇親会の立食パーティーで、名刺交換をしたあとに、「最近、めっきり寒くなりましたね」なんて話題を持ち出す相手とあなたは一緒に仕事をしたいと思いますか？　相手のその「話題の平凡さ」にあきれて、心のほうがめっきり寒くなってしまうことでしょう。

たしかに、すきま時間をつぶすだけの会話なら天気の話もありです。

よく言われる「出身地」「職業」「趣味」「家族構成」などの話題もよいと思います。

しかし、自分の言葉によって、相手に行動を起こしてもらったり、相手との距離を縮めたりするには、「相手にとって役に立つ話題」を話すことが必要です。

あなたが、ある意図を持って相手に話をするとき。

あなたがするべきことを、ひと言で言えば次のようになります。

相手が興味を引く、有益な情報をユーモアでコーティングしてお届けする。

これに尽きると言っても過言ではありません。（「話す」よりも「聞く」ほうが大切……という話は、本書ではタナにあげさせてくださいね）

この**「相手に有益で、興味を引く情報」として、もっとも使い勝手がよい話題が「エピソード」**なのです。

さらにいえば、相手の興味を引く**「鉄板エピソード」は、あなたの「話しベタ」を補ってあまりある武器**になるのです。

2 「エピソード」は「第一印象」を超える

突然ですが、あなたは坂本龍馬にどんなイメージを持っていますか?

30秒だけイメージしてみてください。

……。

はい。

あなたが今、頭に描いた坂本龍馬像。

それは、すべて龍馬の「エピソード」を描いた小説やドラマによって形づくられたもののはずです。

だって、そうでしょう。

私もあなたも坂本龍馬に会ってはいないのですから。

「エピソード」によって、龍馬の人間像を、いわば想像しているにすぎません。
これが「エピソード力」です。

よく、「見た目が9割」などと言いますが、**「エピソード」には見た目による判断を簡単に覆すほどの力があります。**

たとえば、目の前にさえない若者がいて、それを見たあなたが「コイツ、さえないなぁ」と思ったとします。でも、その彼が実は、「新進気鋭の若手起業家で年商10億円」という「エピソード」を聞いたとしたら、最初の「さえないヤツ」という印象は一瞬でどこかに吹き飛んでしまいますよね。

私も、初対面の人と会ったとき、知人が私についてその人に「彼はウルトラクイズで準優勝していて、今は本を何冊も出しているんだよ」と紹介した途端、それまで、「なんだコイツ」という表情をしていた相手の「私を見る目」があっという間に変化する、という体験を何度もしています。

これも「エピソード」の持つ力です。

これだけのパワーがある「エピソード」を、目的を持って人と話をするときに活かさない手はないではありませんか！

3 エピソードは「借りもの」で十分

えっ？

「自分は平凡で、相手を驚かせるようなエピソードは持っていない」ですって？

ご安心ください。

エピソードは「借りもの」で十分なんです！

何も自分のエピソードでなくても、相手の興味を引くことは可能です。

私が最初に書いた本、『壁を越えられないときに教えてくれる一流の人のすごい考え方』（アスコム）は、まさにそれでした。

この本は、イチローや岡本太郎など、一流と呼ばれる人たちの「エピソード」をクイズ仕立てにして、楽しみながら読んでもらいながら、「人生で迷ったときのヒントにしてもらう」という内容です。

一流の人たちのエピソードですから、私のエピソードはいっさい出てきません。

実はこれ、「読者は(無名な)私のエピソードなんて、まったく興味がないに違いない」という考えから、確信犯で自分のエピソードを封印したのです。

考えてもみてください。読者にとっては、私が「すべった、転んだ」なんてどうでもよいことです。

それよりも、一流の人の「エピソード」のほうを知りたいに決まっています。


おわかりいただけましたか?

「朝礼」「スピーチ」「雑談」などで、意図を持って相手と話をするとき、その中に入れ込む「エピソード」は、何も**あなた自身のことや、あなたの体験談である必要はまったくない**のです。

「イチローがこんなことを言っています」でもいいし、「徳川家康が子どものころの話です」でもいい。

聞いている人にとっては、そのほうが興味を引かれますし、あなたのほうも、世界中の有名人や歴史上の人物のエピソードから、選りすぐりのネタを用意することができますよね。

あっ、もちろん、あなたが有名人であったり、すごい体験をしていたりするのなら話は別です。誰もがあなた自身のエピソードを聞きたがるでしょうし、自分の体験談が一番話しやすいし、一番パワーを持っています（ちなみに私が自分の本の中で自分の体験を本格的に掲載する解禁をしたのは著書が10冊を超えてから。ある編集者さんに「西沢さん自身の話もぜひ入れてください」と声をかけられてからです）。

これまでの話をまとめると、以下のようになります。

◯「朝礼」「スピーチ」「雑談」は、人を動かすパワーを秘めている。

◯話しベタな人でも、話の中に「エピソード」を入れ込むことで、人のやる気を上げたり、笑わせたり、感心させる話をすることができる。

◯話の中に入れる「エピソード（＝ネタ）」は借りものでよい。

さて。

講演の達人で「スピーチ」についての著書もある明治大学教授、齋藤孝《さいとうたかし》さんは、スピーチにおける「ネタ」について、こんなことを言っています。

「小ネタを20個用意すれば、厚みのある話ができる」

齋藤さんご自身は膨大な「話のネタ」をストックしていますが、普通の人なら、**必ずウケる鉄板の小ネタを20個も持っていれば、突然、スピーチを頼まれるようなことがあってもほぼ困ることはないし、**怖いものなし、とのこと（参考『恥をかかないスピーチ力』齋藤孝著　ちくま新書）。

本書には、そんな「話の中に入れ込んで使うことができるネタ」を「やる気を上げる話のネタ」「笑えて、面白いと言われる話のネタ」「『へぇ〜っ』と感心される話のネタ」に分けて計１００個集めました。

「どんなときに使えばよいか」や「話すときのコツ」についても言及していますので、ぜひ、活用して、「怖いものなし」になっていただければと思います。

2

朝礼・スピーチ・雑談で
やる気を上げる話のネタ
33本！

point

やる気を上げる話、3つの心がけ

第1章の冒頭でご紹介した早川勝さんが行なっていた朝礼。

みんなでイイことを報告し合い、実現したい未来を共有することで、お互いにテンションを高めてチーム一丸になる……。

これは、たしかに「やる気を起こさせる朝礼」の1つの到達点でしょう。

しかし、もしあなたが朝礼を主催する立場や、何週間かに1回のサイクルでスピーチをする立場だとしたら、早川式の朝礼の話を聞いて、こう思ったはずです。

「これは、自分には無理……」

早川式の朝礼を実施するには、支社の全員を引っ張る強い意志と高い人間力、そして、メンバーを巻き込むパワーが必要です。

それがない人がやっても、周りはドン引きして、その人だけが空回りしかねません。

そもそも、この本を手にしたシャイなあなたには、ぜんぜん向いていませんよね。

そんなあなたに、「聞いている人のやる気を上げる話」をするときに心がけておくとよいことを3つお話しします。

「聞いている人のやる気を上げる話をするときに心がけておくとよいこと」として私が考えるのは次の3つです。

1 やる気を上げる話の心得1 「感動してもらう」

かつて、フランスの伝説の舞台女優、サラ・ベルナールは「レストランのメニュー」を読み上げただけで周りにいた人たちを感動させて泣かせたそうです。

すごいですねぇ。でも、私たちはサラ・ベルナールではありません。

朝礼やスピーチといった短い時間に、話を聞いてくれている人たちを感動させて泣かせようなんてハードルが高いことを考えるのは100万年早い（失礼！）。

感動は「させる」ものではなく「してもらう」だけでいいのです。

えっ？ 「意味がわからない」ですって？ では説明しましょう。

ここで私が言う**「感動」とは「感じて動いてもらうこと」**。

何も相手を感涙させる必要はありません。

話を聞いてもらって、「あっ、この考え方いい！」とか「そうか、そう考えればいいのか！」なんて「感じて」もらって、自分でもやってみよう、と「動いて」もらえればそれで十分と割り切ってしまうのです。

朝礼やスピーチでの話による「感動」は「感涙」にあらず、「動いて」もらうことにありと心得ましょう。

2 やる気を上げる話の心得2 「間接的な話で攻める」

話をしている人が、「お客様の1人ひとりを大切にするべし！」「買う立場になってモノを考えるべし！」「頭を使って工夫するべし！」と、いくら「べしべし」と熱弁したところで、聞いている人たちにしてみれば、「そんなの、言われなくてもわかってるよ」で終わりです。かつての一発屋芸人の歌のように「右から左へ受け流されて」しまうのがオチですね。

そこで、この本の主役である「話のネタ」の登場です。

たとえば、「お客様1人ひとりを大切にするべし！」と訴えたかったら、**「お客様1人ひとりを大切にした人」のエピソードを紹介する**のです。その人が実践していることが簡単に真似できそうなことなら、「へえ～、自分もやってみようか」と、心得1でお話をした「感動」につながるでしょう。

さらに言えば、話に使うエピソードは、**訴えたいテーマから少し離れているくらいでちょうどよい**。それは、エピソードを話しているときから「どうせ、こういうことを訴えて終わるんだろうな」と先を読まれないほうが、興味が継続するからです。

想像してみてください。朝礼でいきなり部長が「昔、子どものころ、誘拐されたことがあって……」と意外な話を始めたら、つい、話に引き込まれてしまいますよね。

3 やる気を上げる話の心得3 「方向を示す」

誰かからこんな言葉を聞いたことがあります。

「リーダーの役割は交通整理役」

曰く、

「リーダーが率先して何でもやってしまう組織には限界がある。理想のリーダーのあり方は自分が動くのではなく、メンバーが動きやすいように交通整理をして、進むべき方向を示すことだ」

なるほどと思います。

監督として、プロ野球チームを何度も率いている野村克也さんは**「リーダーは夢づくりの名人たれ」**と言っています。

この「夢」とは、進むべき道のこと。野村さんもまた、「選手に進むべき方向を示して、やる気を引き出せ」と言っているのですね。事実、野村さんが南海ホークスの監督時代、ベテランになって長いイニングを投げられなくなった江夏豊投手に「日本一のリリーフ投手」という道を示して成功をおさめています。

聞いている人たちにやる気を起こしてもらう一番簡単な方法は、「方向を示してあげること」。一見、関係のない話をしておいて、それを前フリにして、「進むべきビジョン」の説明につなげたり、「聞いている人の悩みを解決する道」を示してあげればいいというわけです。

以上、「やる気を上げる話の心得」について3つのことをお伝えしました。

要は、「やる気になってもらおう！」と肩ひじを張らないことです。

聞いている人を巻き込むホットなスピーチは、「歩く熱帯雨林」のように暑苦しい人……ではなく、熱い人に任せて、話しベタなあなたは、「話のネタの力を借りて、聞いた人が参考にして、自分からやる気になってくれる話をする」という作戦で行きましょう！

それでは、ここから先は「やる気を上げる話のネタ33本！」をお楽しみください。

ネタ

01

4打席連続三振のあとに

☑ 朝礼
☑ スピーチ
☑ 雑談
□ プレゼン
☑ 接待

総合評価
★★★★★

かつて、「ミスタープロ野球」とまで呼ばれた長嶋茂雄さん。

若い皆さんは病に倒れたあとの現在の長嶋さんや、読売ジャイアンツの監督時代の姿しか知らないと思いますが、昔は日本のプロ野球を代表する大人気選手でした。

その長嶋さんが東京六大学野球のスター選手からプロ野球入りしたとき。デビュー戦で当時の大投手、国鉄スワローズの金田正一《かねだまさいち》さんから4打席連続三振を奪われたのは有名な話です。

苦労人の金田さんは、黄金ルーキーの長嶋さんに対して、プロの意地にかけて三振を取りにいったのですね。

このとき、金田さんにきりきり舞いをさせられた長嶋さんは、試合後のインタビューでこんな言葉を残しているそうです。

「でも、あれほどいい三振もなかった。あれほど生きた三振というのもなかった」

普通、デビュー戦で4打席連続三振したら、「自分はプロでやっていけるのだろうか？」って落ち込みますよね。

それなのに、長嶋さんは「この三振はこれからの自分の糧《かて》になる」と、前向きにとらえてまったく落ち込みませんでした。このあたりが将来、「ミスタープロ野球」になる器の大きさなのではないでしょうか。

一方、三振を奪った金田さんのほうも、空振りしても空振りしても全力でバットを振ってくる長嶋さんの姿を見て、「コイツは将来、とんでもない選手になる」と恐怖を感じたそうです。

「大物は大物の素質を見抜く」ですね。

このネタの用途例

◎「全力を出して失敗することは、必ず未来につながる」という話の前フリ。

効果的なアレンジ例

◎話を始める前に、長嶋茂雄や金田正一をどの程度知っているか聞いてみる。

ネタ
02
売れる営業マンの帰り際5秒

- ☑ 朝礼
- ☑ スピーチ
- ☑ 雑談
- ☑ プレゼン
- ☑ 接待

総合評価
★★★★★

知り合いのBさんが、新卒として社会人になったばかりのころの体験です。

Bさんが入社したのは、コピー用紙などのいわゆる消耗品の販売をする商社。新人研修の一環として、先輩営業マンとお客様先へ同行をする機会があったそうなんですね。

そのときにBさんが同行した先輩は、社内でも「べらぼうに売れる」ことで知られている営業マンのI係長。

さぞや気合が入っている人なのかと思っていたら、そのI係長、お客先に向かう車の中では、Bさんに冗談ばかり言ってきたそうです。

そして、お客先でも先方の購入担当者とずっと雑談をして、ゲラゲラ笑わせているのです。

そのI係長が「売り込み」をしたのは、「帰り際の5秒」でした。

I係長、帰り際に、いかにも「言い忘れていました」という体《てい》でお客様へこう言ったのです。

「あっ、さっき見たらコピー用紙が残り少なくなっていたので、20箱ほど入れておきますね」

この言葉に、「ん」と返事をするお客様。

たった5秒で商談成立です。

もちろん、得意先と飛び込み営業では違いますが、新人研修で、「飛び込み営業」を体験し、コピー用紙を1箱売るのにも四苦八苦していたBさんには、魔法にしか見えなかったそうです。

このネタの用途例

◎ 若い営業マンに「お客様との普段のコンタクトの強さ」や「雑談力」の大切さを訴えるときの前フリ。

効果的なアレンジ例

◎ 自分のエピソードとして話してもよい。

ネタ

03

TTPで行こう！

朝礼
スピーチ
雑談
プレゼン
接待

総合評価
★★★★★

フリーのアナウンサーとして活躍している三橋泰介《みつはしたいすけ》さんが書いた、話術に関する本に出ている話です。

野球の実況中継を担当していた三橋アナウンサー。先輩の実況にくらべて、自分の実況はどうにもヘタクソで、「なんとかもっとうまく実況できるようになりたい」と悩んでいたのですね。

そんな彼、少しでも先輩アナウンサーの実況に近づくために、あることを実行したのですが、何をしたと思います？

なんと彼、その実況のうまさにあこがれていた先輩アナウンサーの野球の実況を、試合開始から試合終了まで、すべて文字に書き起こすことにしたのです。

野球の試合の1回から9回までですから、ひと試合の実況部分を文字に起こすだけで1か月以上かかったそうです。

それで、文字にしたものをプリントアウトして、それを、来る日も来る日も声を出して読み上げて真似をしたのです。すると、自分の実況のテンポもリズムもどんどん違うものになってきて、「明らかに聞きやすくなった」のだそうです。

「学ぶ」という言葉の語源は「まねる」なのだと聞いたことがあります。

下着メーカーの「トリンプ」では、ＴＴＰという言葉をスローガンにしています。

ＴＴＰとは、「徹底・的に・パクる」という言葉の頭文字です。

同社の吉越浩一郎元社長はこう言っています。

「ライバル会社のヒット商品をＴＴＰすると『なぜその商品がヒットしたのか？』が身をもってわかる。だからゼロから始めるより数倍早く商品開発力が身につく。そこにわが社の独創性をプラスすればりっぱなオリジナル商品になる」

よいものをマネることは決して悪いことではなく、成長や進歩への近道なのですね。

皆さんも、どんどんＴＴＰして時間をショートカットしてくださいね。

このネタの用途例

◎「成長できない」と悩む相手や、停滞してしまっている組織へのヒントとして。

参考｜『話術！虎の穴』三橋泰介著　源

ネタ

04

トップソムリエの必殺トーク

☑ 朝礼
☑ スピーチ
☑ 雑談
☑ プレゼン
☑ 接待

総合評価
★★★★

何人もソムリエを抱える、ある大きなフレンチレストランでの話です。

その店で常に売上がトップのソムリエには、実は秘密がありました。

彼はワインの注文本数を増やすために、お客様からの信頼を得る「必殺トーク」を使っていたのです。

フレンチのレストランでは、よく「本日のおススメ」として、メニューに何本かのワインがリストアップされていますよね。彼は、お客様から料理のオーダーをうかがうときに、その「本日おススメのワイン」のリストを見せて、「ワインはいかがでしょう？」という言葉のあとに、その必殺トークを使うのです。

さあ、あなたには、彼がどんなトークを使うかわかりますか？

実は、このソムリエ、「本日おススメのワイン」のリストをお客様に見せながら、小声でこんなことを言っているのです。

「これが本日のおススメワインリストです。こんなことをお伝えすると、私が店のオーナーから叱られてしまうので大きな声では言えないのですが、実は、今日は、この1番高いワインよりも2番目のワインのほうが絶対におススメです」

彼がこう言うと、ほとんどのお客様は2番目に高いワインを注文してくれるのです。

しかも、すっかり彼を信用したお客様は、2本目のワインの注文でも、ほかのソムリエではなく、彼にワインを選んでもらうため、彼だけがワインの注文本数をどんどん伸ばすことができるのです。

このネタの用途例

◎「お客様は、メリットよりもデメリットを伝えてくれる営業を信用する」という話の前フリ。

効果的なアレンジ例

◎住宅を売るトップ営業マンも「薦める住宅の悪い面も隠さずにちゃんと説明するほうが逆に安心して買ってもらえる」と言っている、という話を入れてもよい。

ネタ

05

自分を演出する

あるプロ講師は、講演会で人前に立つとき、「自分は世界一ウマい講演者だ」と自分で自分をダマして、心をコントロールし、テンションを上げてから演台に立つそうです。最高のパフォーマンスができるように、自分を演出しているのですね。

成功者と呼ばれる人の中には、そうやって、自分の中にもう1人、「スゴイ自分」を作り上げて、人前では、その「スーパースターである、もう1人の自分」に成りきる人がいます。

カリスマロック歌手の「永ちゃん」こと矢沢永吉さんは、こんなことを言っています。

「もうね、暗示をかけちゃうの。自分に。『オレは才能あるんだ』『素晴らしいんだ』って思わない限りやってられないもんね。自分で『ちょっと、僕は……』という奴は人の前で歌う資格はない」

そういえば矢沢さんは、「ヤザワはこう思うんです」って、自分のことを「ヤザワ」

- ✔ 朝礼
- ✔ スピーチ
- ✔ 雑談
- ✔ プレゼン
- ✔ 接待

総合評価
★★★★★

と、三人称で呼びますよね。

あれは、常に「大スターのヤザワはこんなときにどうするか？　何と言うか？」と客観的に考えながら自分を演出しているからなのではないでしょうか。

最後に、そんな矢沢永吉さんのエピソード。

矢沢さんが地方公演に行ったときのこと。手違いでホテルの部屋がスイートルームではなくツインルームになってしまったそうです。スタッフが恐る恐る、了承をもらおうとすると、矢沢さんはこう言ったのです。

「オレは良いけど、ヤザワは何て言うかな？」

このネタの用途例

◎「自分を客観視してブランディングすることの大切さ」を説明するときの前フリ。

ネタ

06

一発で勝負

- ✓ 朝礼
- ✓ スピーチ
- ✓ 雑談
- ✓ プレゼン
- ✓ 接待

総合評価
★★★★★

今は亡き名優の高倉健さん。

若い皆さんにはわからないかもしれませんが、かつては「男らしい男」「かっこいい男」の代名詞のような存在でした。

その健さんの晩年。

ある映画の撮影に密着したテレビ番組を見ていて意外な事実を知りました。

なんと、その映画の撮影での健さん、ほとんどのシーンを一度しか演じていなかったのです。

つまり、本番は基本的に一発勝負。

私の勝手なイメージでは、納得がいくまで何度も繰り返して演じるタイプなのかと思っていたので意外でした。

番組のなかで、健さんはおよそ次のようなことを言っていました。

「器用なタイプではないので、同じ演技を何度もできない。気持ちを盛り上げて1回ですべてを出し切る」

また、演技について、健さんはこんなことも言っています。

「黒澤明監督も、本当に良いものは1回だ、とおっしゃっていましたから、それでいいんじゃないですか」

「本人の生き方が芝居に出る。テクニックではないですよね」

心を込めて一発勝負。

これ、演技だけでなく、人生にも役立つ考え方ではないでしょうか。

このネタの用途例

◎ 誰かの背中を押すときの前フリ。

効果的なアレンジ例

◎ ベテラン声優の野沢雅子さんも、声でキャラクターを演じる心がまえについて、「どう演じるかは考えない。心で演じる」と言っている、という話を入れてもよい。

ネタ

07 フリーカメラマンを使わなくなった理由

長年にわたって雑誌の編集の仕事をしている、知り合いYさんの話です。

Yさんはその雑誌で、1人のフリーカメラマンをよく使っていました。正直、写真の腕は今イチ。ただ格安でフットワークが軽いので仕事を依頼していたのです。

さて、あるとき。某企業への取材のため、そのカメラマンと取材先会社の最寄り駅で12時に待ち合わせをして、2人で回転寿司に入ったことがあったそうです。

「事件」は2人で寿司をつまんでいるときに起こりました。

そのカメラマンがレーンからマグロの皿を取ったとき、乗っていたマグロの握りの1つがコロンと床に落ちてしまったのです。

「おっと」と言いながら床に落ちた握り寿司を拾い上げるカメラマン。

「こういうものは、もったいないから、こうします」と言ったかと思うと、サッサッと汚れを払うような仕草をして、なんと、その寿司をパクリと食べてしまったのです。

- [x] 朝礼
- [x] スピーチ
- [x] 雑談
- [x] プレゼン
- [ ] 接待

総合評価
★★★★

寿司が落ちたのはカウンターではなく床。それを拾って食べてしまうとは……。

Yさんはあっけにとられました。そして、瞬間的にこう思ったそうです。

「あっ、もうこのカメラマンを使うのはやめよう！」

Yさんはこう考えたのです。

「床に落とした寿司を平気で拾って食べるような人間にイイ仕事ができるはずがない。仕事で、本来は捨てるようなカットしか撮れなくても、平気で『まあ、いいや』と考えて、その不出来な写真を依頼先に届けるに違いない」

Yさんは、そのフリーカメラマンの写真が「今イチ」な理由が明確にわかった気がしたのだそうです。

このネタの用途例

◎「客先での身だしなみやマナーに注意」「相手は見ている」と注意を促す話の前フリ。

効果的なアレンジ例

◎知人の編集者から聞いた話として話すと説得力が増す。

ネタ

08

ホームバーでビールを飲んでひと言

☑ 朝礼
☑ スピーチ
☑ 雑談
☑ プレゼン
☑ 接待

総合評価
★★★

皆さんは『渡辺篤史《わたなべあつし》の建もの探訪』という番組をご存じでしょうか？　テレビ朝日系列で、毎週土曜日の朝5時からやっている番組で、初回の放送は1989年と言いますから、なかなかの長寿番組ですよね。

この番組、ひと言で言えば、俳優の渡辺篤史さんが、毎回、家自慢のお宅を訪問して、その家を褒めて、褒めて、褒めちぎるというもの。

その褒め方が、もう名人級で、見ていると「ああ、こうやって褒めれば相手は喜んでくれるのか」と感心させられるのです。

さて。天井をガラス張りにして、太陽光を大きく取り入れているのが自慢のお宅を訪問したときのことです。そのお宅は、晴れた日には、家の中にいても陽光がさして気持ちがいいんですね。ご主人としては、そのへんを褒めて欲しいわけです。

それを察した渡辺さん、ホームバーでビールをジョッキにそそぐと、「では、太陽の光を浴びながら1杯」などと言いながら、太陽光がそそぐ一角へ移動。

その場で立ったまま、旨そうにビールを飲み干して、会心のひと言を放ったのです。

なんと言ったと思います?

普通の人なら「くーっ、旨い!」と言ってしまうところですよね。

でも、渡辺さんはビールを飲み干してこう言ったのです。

「くーっ! 嬉しいねぇ〜!」

わかりますか? 「くーっ、旨い!」は、ビールへの賛辞です。

でも、「くーっ! 嬉しいねぇ〜!」は、太陽の光をいっぱいに浴びながらビールを飲める一角を持つ「この家への賛辞」なんです。

言われたご主人が嬉しそうだったことと言ったら……。

この褒めワザ、ぜひマネしたいものです。

このネタの用途例

◎「相手が褒めて欲しいことを鋭く見抜くべし!」と訴えたいときの前フリ。

ネタ

09

見せ方が9割

☑ 朝礼
☑ スピーチ
☑ 雑談
☑ プレゼン
☑ 接待

総合評価
★★★★★

『ザ！　鉄腕！　DASH!!』や『奇跡体験！　アンビリバボー』などの人気番組の構成を手がけている放送作家で、戦略的PRコンサルタントでもある野呂エイシロウさんはその著書の中で、人は「見せ方が9割」と言っています。

「見た目が9割」とはよく言いますが、野呂さんによると、「相手に自分をどう見せるか」が大切と言うのですね。

たとえば、野呂さんが、まだ学生起業家として活動していたころ、仕事で書類を送るときは、わざわざ帝国ホテル内のビジネスセンターまで出かけて行って、そこからファックスを送ったそうです。あっ、今なら電子メールで簡単に送れますが、そのころはまだファックスしかなかったんですね。

重要なのは、ファックスで送られる書類には、どこから送られたものか履歴が残るということなんです。野呂さんからファックスを受け取った相手はこう思います。

「この野呂というヤツ、いつも帝国ホテルに泊まるほど羽振りがいいんだ……」

そのハッタリの結果、「こんなに売れている人ならギャラも高くて当然」と思われて、商売上の効果は抜群だったそうです。

たしかに、もし野呂さんが、いつもコンビニからＦＡＸを送っていたら、受け取る相手は彼に重要な仕事の依頼はしなかったはずですよね。

さらに、野呂さん、若手放送作家のころは、テレビ局へ行くとき、最寄り駅まで電車で行って、そこからタクシーをひろって局に乗りつけたそうです。

いつもタクシーを使っている「売れっ子放送作家」に見せかけた、というわけです。

このネタの用途例

◎「仕事でのハッタリの重要性」を話すときの前フリ。

効果的なアレンジ例

◎野呂さんは帝国ホテルに出入りするうちに、「帝国ホテルの常連の人たちの服装や立ち居振る舞いもわかるようになった」という話を入れてもよい。

参考｜『ネクタイを毎月３本買う人はなぜスゴイ仕事ができるのか』野呂エイシロウ著　祥伝社

ネタ

10

小さな声の効果

☑ 朝礼
☑ スピーチ
☑ 雑談
☑ プレゼン
☑ 接待

総合評価
★★★★★

立食パーティーなどでスピーチをするとき、会場内がざわついていることがあります。そんなとき、あなたはどうやって自分の話を聞いてもらいますか？

声を枯らして大声で話すのもひとつの手です。でも、実は「その逆の手もある」というお話。

今は亡き人間国宝、5代目の柳家小さん一門が小学生たちの前で落語をしたときのエピソードです。

小学生なんて、まじめに落語を聞くわけがありません。弟子たちが高座で一席演《や》っても、演者を無視してザワザワとおしゃべりばかり。若手たちは次々と撃沈していき、あげくは「今日のお客様はいくら子どもでも、ヒドすぎる……」と文句を言う始末。

ところが、小さん師匠はそんな弟子たちを一喝します。

「自分の芸が未熟なのを、お客様のせいにするねぇ！」

最後に高座に上がった小さん師匠。

ザワついたままの小学生たちの前で、ボソボソと小さな声で話し始めます。

すると、おしゃべりをしている子どもの数が1人減り、2人減り……。

気がつけば、いつの間にか、子どもたちの全員が、耳をそばだてて小さん師匠の噺《はなし》に聴き入っていたのです。


実は小声には、「説得力が増す」という効果があります。それまで大きな声でしゃべっていた人が「実はここだけの話」と突然小声で話し始めると、相手はグッと話に引き込まれますよね。


数々のビジネス書の著者として知られる中島孝志さんは、こうした、「ワザと小さい声で話すと注目される」という効果に、「沈黙効果」という名前を付けています。

「人に話を聞いてもらう方法」として、ちゃんと認知されたものなのですね。

このネタの用途例

◎「強く押すだけでは能がない」という話の前フリ。

ネタ
11
発明のきっかけ

世の中にある便利なものって、偶然がその発明のきっかけになっていることがけっこうあります。

たとえば、「ゼムクリップ」は、ある人が、道に落ちている曲がった針金を見て、あの形を思いついたのだそうです。

本の重要な部分に貼ったりする付箋紙《ふせんし》は、ものすごく強力な糊《のり》の研究をしていたら、偶然、逆にものすごく弱い糊ができてしまって商品になったのは有名な話ですよね。

ほかにも、「吸い取り紙」は、製紙工場の職人さんが間違って「ものすごくインクがにじむ紙」を作ってしまい、それが、誕生のきっかけになったとのこと。

このように、「偶然」から、「発明」が生まれることが多くて、そうした「偶然による幸運」のことを「セレンディピティ」なんて言います。

しかし、ここで重要なのは、偶然に「クリップの形をした針金」を見ても、そこで

- ✔ 朝礼
- ✔ スピーチ
- ✔ 雑談
- ✔ プレゼン
- ✔ 接待

総合評価
★★★★★

「ヒラメキ」があるかどうかということです。

すごく「弱い糊」ができても、「ものすごくインクがにじむ紙」ができたとしても、「あっ、なんてこった、大失敗だ！」と思って、全部捨ててしまったら、「付箋紙」も「吸い取り紙」も誕生しませんでした。

では、最後に私が好きな発明のエピソード、「縫い針」を思いついた人の話です。

その人、インディアンに槍《やり》で刺されて殺されそうになる夢を見て、その夢に出てくる槍に穴が開いていたことからあの形を思いついたそうです。

悪夢でさえも、発明のもとになるのですね。

このネタの用途例

◎「失敗をしても、それを活かせないか考える」という話の前フリ。

◎「常に問題意識を持っていれば、ちょっとしたヒントから解決策が浮かぶ」という話の前フリ。

ネタ

12

必要のないプログラム

- ✔ 朝礼
- ✔ スピーチ
- ✔ 雑談
- ✔ プレゼン
- □ 接待

総合評価
★★★★★

元伝説のCA《キャビンアテンダント》。さらに、ホテルのVIP専用ラウンジのマネージャーという経歴を持ち、現在は「接客」や「印象」についてのトレーナーとして活躍されている重太《しげた》みゆきさん。明石家さんまさんが司会のバラエティ番組で「モテしぐさ」などを披露しているのをご覧になった方もいるかと思います。

その彼女が、企業やサービス業の人たちに対して行なう「接客のトレーニング」のプログラムには、普通は、「接客のトレーニング」で重視される「あること」に関するトレーニングを行なわないのだそうです。

さて、重太さんの「接客セミナー」で、行なわないのは、いったいどんなことに関するトレーニングだかわかりますか?

それは、お客様からの「クレーム対応トレーニング」。

一見、大切なトレーニングのように思いますよね。

なぜ、重太さんがこの「クレーム対応トレーニング」をプログラムの中に入れていないのかというと、彼女が「心を込めた接客をすれば、クレームは発生しない。だから、そのトレーニングは必要がない」と考えているからなのです。

重太さんは言っています。

「心を込めて接客対応をしてくれているスタッフに、あなたはクレームを言いたくなりますか?」

彼女によると、ただのイチャモンは別にして、「クレームの本質」は、お客様が、「自分が重要視されていないことを嘆いている」のだとか。

たしかに、自分がお店にクレームを言いたくなったときのこと、たとえば「なかなかオーダーを聞きにこない」とか「水を持ってこない」などを思い出すと、すべて、「自分が軽視されている気がした」のが理由だったかもしれません。

このネタの用途例

◎「サービスの本質は、相手への心づかい」という話の前フリ。

参考|『伝説の気づかい』重太みゆき著　三笠書房

ネタ

13

路地裏店の必殺技

- ✓ 朝礼
- ✓ スピーチ
- ✓ 雑談
- ✓ プレゼン
- ✓ 接待

総合評価
★★★★★

博多に、『地球屋』という名前の多国籍創作料理の居酒屋があります。

場所は博多駅から歩いて13分。しかも路地裏で、「駅から遠くてわかりにくい」と、立地的には最悪の条件のお店です。

でも、このお店、毎晩毎晩、常連のお客様を中心に大賑わいなのです。

居酒屋激戦区の博多で、しかも場所が悪いのに、なぜこのお店は大繁盛しているのでしょうか？

実はこの店の店長さん、ある必殺ワザを使って常連客を増やし続けているのです。

店長さん、店内に見覚えのないお客様を見かけると、そのお客様が2、3杯飲んでリラックスしたタイミングを見計らって、必ず席に挨拶に行って名刺交換をします。

この名刺交換は店員もやっていて、応じてくれたお客様が注文すると「○○さん、ビール生ジョッキ入りました!!」って、名前入りでオーダーを通してくれるのです。

お客様との距離がグッと縮まりますよね。

それだけではありません。

店長さんは、名刺交換をしてくれたお客様には、あとで全員に「来店のお礼状」を送っているのです。印刷じゃありませんよ。ちゃんと手書きです。

実際の文面は、たとえば、次のような感じ。

「昨日は地球屋をご利用いただき本当にありがとうございました。ご満足いただけましたでしょうか。また福岡にお見えの際は、お会い出来るのを楽しみにしております。これから寒くなって行きます。お身体には気を付けて！　頑張ってください」

こんな手紙をもらったら、「また行ってみようか……」という気になりますよね。

店長さんは、いただいた名刺はすべてファイルして保管していて、その数はすでに1万枚を超えるとのことです。

このネタの用途例

◎「お客様の1人ひとりを大切にすること」と訴えるときの前フリ。

ネタ

14

おにぎり達人のこだわり

- [x] 朝礼
- [x] スピーチ
- [x] 雑談
- [x] プレゼン
- [ ] 接待

総合評価
★★★★★

おっかない顔の店長が、お客様の食べ方について注文をつけてくる。行列ができるラーメン屋さんにありがちな光景です。

カウンターで友だちと話をしようものなら「無駄口をたたくなら出て行ってくれ」なんて言われてしまう。そういうお店が好きな人もいるでしょう。しかし、いくらラーメンをこだわって作っていると言っても、私はどうも苦手です。

この前、テレビを見ていたら、東京都豊島区大塚にある「おにぎり専門店」で、毎日おにぎりをにぎり続けている「おにぎりの達人」のおばちゃんが出演していました。

お店の創業は１９６０年といいますから、もう老舗です。メニューは、鮭やタラコなど定番のほかに、カレーやピーナッツ味噌などの変わり種まで50種類を超えます。

この「おにぎりの達人」であるおばちゃん、「おにぎりに使う米は、美味しく炊き上がるように、炊飯する前にお米を水に浸す」「水に浸す時間は季節によって変える」

「強くにぎると味が落ちるので、にぎるときは、まとめる感じで4回、形を整えるだけ」など、実に細かな「こだわり」を持っていました。

それなのに、司会者から「こだわりを持っていることはありますか？」と質問をされると、こう答えていたのです。

「ありません。こだわりはお店の都合ですから」

美味しいおにぎりを食べてもらうために、こだわりにこだわっているのに、そのこだわりをお客様に「押し売り」はしない。これが、本来の姿ではないでしょうか？

このネタの用途例

◎「サービス業の本質について」の話の前フリ。

効果的なアレンジ例

◎お店は『おにぎりぼんご』の大塚本店という情報を入れてもよい。

◎「こだわるのは当たり前なのに『シェフのこだわりサラダ』などのメニューはおかしい」という話を入れる。

ネタ

15

黒い目のきれいな女の子？

☑ 朝礼
☑ スピーチ
☑ 雑談
☑ プレゼン
☐ 接待

総合評価
★★★★

たとえば、「新しい会社の取引先について」という件名で社内メールが送られてきたとします。これ、もらったほうは、「新しくできた会社」の「取引先」についてなのか、「自分たちの会社」の「新しい取引先」についてなのか、どっちの意味にも取れてしまいます。

メールの内容を読めばどっちなのかわかる場合はまだよいのですが、気をつけないと、どっちの意味なのかわからない文を送って混乱を招くことになりかねません。

こうした、意味がいくつにも取れる例文として、作家の井上ひさしさんは、次のような文を挙げています。

「黒い目のきれいな女の子」

これ、どういうことを言っているか、○○さん、わかりますか？

この文、これだけだと、次のようにいろいろな意味に取れてしまいます。

・黒い目がきれいな「女の子」→これだと目だけがきれいな女の子です。
・黒い目の、「きれいな女の子」→これだと、黒目をした顔がきれいな女の子です。
・「黒い目のきれいな女」の「子」→これだと、子どもは男の子かもしれません。
・「黒い」、目のきれいな女の子→これだと、黒人の女の子の可能性もあります。

まだまだ、「きれいな女性の、目の黒い子ども」や「目のきれいな女性の色黒の子ども」など、さまざまな解釈ができてしまうのです。

よく、「表現は簡潔に」と言いますが、意味を誤解されてしまっては本末転倒です。井上ひさしさんの文例で言えば、「黒い瞳をした、可愛い少女」とか、「黒い目をした美しい女性の長女」など、正確な表現をすれば、間違える確率を減らせますね。

このネタの用途例

◎「伝達するときは、内容が正確に伝わるかを十分に考慮する」という話の前フリ。

効果的なアレンジ例

◎研修などなら、「黒い目のきれいな女の子」という文がどんな意味に取れるかを考えさせたり、自分たちで「意味がいくつにも取れる文」を考えさせてもよい。

参考｜『日本語教室』井上ひさし著　新潮新書

ネタ

16

研究者の「もう半分」

☑ 朝礼
☑ スピーチ
☑ 雑談
☑ プレゼン
☐ 接待

総合評価
★★★★

かのアインシュタインは、自分の「相対性理論」について、誰にでもわかるように説明するとき、次のようなたとえ話をしていました。

「熱いストーブの上に手を置いたら1分を1時間に感じるし、大好きな女の子とデートしているときは1時間も1分にしか感じない。それが相対性というものだ」

とても有名なたとえ話なので、皆さんもご存じのことと思います。

なんだか、アインシュタインにうまく丸め込まれているような気もしますが、「時間は実は一定ではない」というウソっぽい理論を「なるほど〜」と思えるレベルで説明していますよね。

iPS細胞の研究の功績により、ノーベル生理学・医学賞を受賞した山中伸弥《やまなかしんや》教授は、次のようなことを言っています。

「アメリカに留学して、いろいろな人から言われた言葉の中で、とくに印象に残っているのは、『研究者にとって重要なことは、実験をしていい結果を出すというのは全体の半分である。残り半分は何が重要なのかというと、その結果を、どうやって人に伝えるかということである』という言葉です。私はこの言葉を聞いて、プレゼンテーションや論文などで、研究結果を『アウトプット』し、『発信すること』の重要性を、再認識したのです」

たしかに、どんなに有効な研究結果も、人に伝えられなければ「宝の持ち腐れ」です。そうしてみると、アインシュタインもその重要性を十分に認識していたからこそ、最初のたとえ話を考えたのかもしれませんね。

このネタの用途例

◎「よいことは水平展開するべし」「自己アピールは重要」などの話の前フリ。

効果的なアレンジ例

◎「研究者にとって重要なことは、実験でいい結果を出すことと、もう1つありますが、何だかわかりますか？」と誰かに聞いてみる。

ネタ

17

気持ちイイ「さしすせそ」

☑ 朝礼
☑ スピーチ
☑ 雑談
☑ プレゼン
☑ 接待

総合評価
★★★★

この前、テレビを見ていたら、「水商売の女性たちに、お客様との会話術を教える学校」にカメラが潜入するという番組をやっていました。

お金を取って殿方に気持ちよくお酒を飲んでもらうホステスさんにとって、「会話」は最大の武器です。

その番組の中で、「お客様を喜ばせる『さしすせそ』」を、みんなで唱和していましたのでご紹介しましょう。この「お客様を喜ばせる『さしすせそ』」とは、会話の中に入れると、相手の気分がよくなるキーワードの頭文字です。

それは……。

さ → さすがです

し → 知らなかったです

す → ステキです

せ　↓　センス良いです
そ　↓　そうなんですね

たしかに、相手がしゃべっているときに、上から順に繰り返しているだけで、相手はどんどん気分がよくなりそうですね。

このワザ、何も水商売だけでなく、一生モノの会話術として使えそうです。

このネタの用途例

◎接客業や営業マンの会話に関するアドバイス。

ネタ

18

相づちの魔術師

会話をしていて、「なんだか話しやすいなぁ、この人」って感じさせてくれる人っていますよね。話し手に、そう思わせる人って、話している人の目をパッチリと瞳孔を開いて見て、身を乗り出すようにして熱心に聞いてくれます。

でも、実は「聞いているときの態度」だけではなく、そういう人は、「相づち」の名人であることが多いのです。

「聞き上手」で知られたある政治家は、5つの「相づち」を巧みに使い分けて、話している相手を気分よくさせたそうです。

その5つとは……。

「ほーっ！」「なるほど！」「さすが！」「なんと！」「まさか！」という5つ。

「ほーっ！」と言って「感心」する。

「なるほど！」と言って「納得」する。

☑朝礼
☑スピーチ
☑雑談
☑プレゼン
☑接待

総合評価
★★★★

「さすが！」と言って「称賛」する。

「なんと！」と言って「驚く」。

そして、「まさか！」と言って、「もっと驚いて」みせる。

その政治家は、この5つの言葉を、相手の話の内容に合わせて臨機応変に使い分けて、相手の言葉にビンビン反応したのです。まさに「相づちの魔術師」です。

こんな調子で相づちを打たれたら、話し手は、普段は話さないことまで、つい、調子に乗ってしゃべってしまいますよね。

このネタの用途例

◎接客業や営業マンの会話に関するアドバイス。

効果的なアレンジ例

◎研修などなら、参加者をペアにして、1人は雑談を、1人はこの5つの相づちを言わせるというワークをして、「どれだけしゃべりやすいか」を体験してもらう。
◎この「ある政治家」とは故竹下登元首相。聞き手が年配者なら名前を出してもよい。

ネタ
19
パティシエがコンクールの前に毎晩見たもの

☑ 朝礼
☑ スピーチ
☑ 雑談
☑ プレゼン
☑ 接待

総合評価
★★★★

パティシエのワールドカップと呼ばれる「クープ・ド・モンド・ドゥ・ラ・パティスリー」のあめ細工部門で優勝した経歴を持つ辻口博啓《つじぐちひろのぶ》さん。

東京・自由が丘にある「モンサンクレール」をはじめ、十数店のスイーツ店を展開するなど大活躍をされています。これは、その辻口さんが、史上最年少の23歳で「全国洋菓子技術コンクール」で優勝したときのエピソードです。

優勝を狙っていた辻口さんは、コンクールの前、毎晩、寝る前に穴が開くほど「あるもの」を見ていたそうです。

さて。

いったい何を見ていたかわかりますか？

実は辻口さん。毎晩、同コンクールの歴代の優勝作品であるスイーツの写真を見ていたのだそうです。

理由はもちろん、優勝作品の傾向や、審査員の好みを頭に叩き込むため。

そうやって、どんなスイーツが高得点を得るかをつかんでから、自分の作品のアイデアを練っていったのですね。

コンクールでは審査員がお客様です。辻口さんは優勝を狙って、そのお客様の好みに焦点をしぼった。「自分が作りたいスイーツ」ではなく、「審査員が喜ぶスイーツ」を作って優勝をものにしたというわけです。

「自分が作りたいスイーツ」は、コンクールで優勝して有名になって、自分のお店を持ってから、いくらでも作れますものね。

このネタの用途例

◎「事前のリサーチの大切さ」「客商売はお客様に満足してもらうことを第一に考えるべき」などを伝えるときの前フリ。

効果的なアレンジ例

◎「辻口さんのスイーツを食べたことがある人？」と聞いてみる。

ネタ

20

眠くなる話のワケ

- [x] 朝礼
- [x] スピーチ
- [x] 雑談
- [x] プレゼン
- [ ] 接待

総合評価
★★★★

学生時代にこんな経験はありませんか?

お昼を食べた後の午後の授業。ぽかぽかとした陽気。

黒板の前では、先生が講義という名の子守歌を歌っている。

いくら「眠ってはいけない」と思っても、どんどん意識が遠のいていく。

「居眠りをするほうが悪い」というのは当たり前。でももし、先生の授業が眠気を吹き飛ばすくらい面白ければ、眠っていられないはずです。

聞いている学生が眠ってしまうような授業をしている先生のほうも、10分の1くらいの責任はあるのではないでしょうか。

学校の先生なら学生が眠っていても給料をもらえます。

しかしこれが、たとえばセミナーの講師なら大問題。すぐに、「この講師は面白くない」とうわさが広がり、誰も聞きにきてくれなくなってしまいます。

営業でお客様にする提案だとしたら、お客様が眠ってしまっては話になりませんよね。

以前、あるセミナー講師がこんなことを言っていました。

人が他人の話を聞いていて「居眠り」をする理由は次の3つなのだそうです。

1　話がつまらない
2　話がわからない
3　話を認めたくない

聞いている人を眠らせないためには、この3つの理由の逆を行かないといけません。

つまり、「面白くて、わかりやすくて、独りよがりじゃない話」です。

人前で「話す内容」を考えたら、ぜひ、「面白い話になっているか?」「わかりやすい話になっているか?」「共感を呼ぶ話になっているか?」という3つの観点で見直してみてください。

このネタの用途例

◎　人前で話をする人へのアドバイス。

ネタ

21

呉服屋の火事

江戸時代の話です。

大きな呉服屋が火事になると、真っ先にすることがあったそうです。

それは、あるものを井戸に投げ込んで燃えてしまうのを防ぐこと。

いったい、何を井戸の中に投げ込んだのかわかりますか？

高い着物ではなく、お店にとって、もっと大切なものを投げ込んだのです。

それは……。

「大福帳《だいふくちょう》」

ほら、あの信楽焼《しがらきやき》のタヌキの置物が手に持っている帳面です。

なぜ、「大福帳」が大切だったのかというと、あれ、今でいう「顧客リスト」なんですね。

着物なんて、燃えてしまったって、また作ればいい。

でも、「顧客リスト」はお店にとって財産中の財産です。

☑ 朝礼
☑ スピーチ
☑ 雑談
☑ プレゼン
☑ 接待

総合評価
★★★

これさえあれば、また商売ができる。

どれくらい大切にしていたかというと、いざというときに井戸に投げ込んでも墨で書いた文字がにじまないように、表面にはちゃんとロウまで塗っておいたそうです。

このネタの用途例

◎「商売をする上では、お得意先が何よりも大切」という話の前フリ。

ネタ

22

2万5000ドルのアドバイス

- [x] 朝礼
- [x] スピーチ
- [ ] 雑談
- [x] プレゼン
- [ ] 接待

総合評価
★★★★★

これからお話をするのは「2万5000ドルのアドバイス」とか「2万5000ドルのアイデア」などと呼ばれる有名なエピソードです。

1人のコンサルタントがある会社の社長にこんな提案をします。

「仕事の効率が少なくとも50パーセントはアップするアイデアがあります」

社長が興味を示すと、コンサルタントは次のように手順を説明しました。

手順1　1枚の紙に「明日やらなければならない重要なこと」を6つ書き出す。

手順2　書き出した6つに、重要度が高い順に番号をつける。

手順3　この紙をポケットにしまい、翌日の朝一番から番号1の仕事にとりかかる。

手順4　他の仕事はしないで、その仕事に集中する。

手順5　1番目の仕事が終わったら、次は2番目の仕事にとりかかり集中する。

手順6　2番目の仕事が終わったら、次は3番目の仕事にとりかかり集中する。

説明後、コンサルタントは「以下は同じです。他の仕事が入っても迷わないでくださいね。何しろあなたは1番重要な仕事をしている最中なんですから」と話し、そして、最後にこう言ったのです。

「このアイデアをやってみて、よいと思ったら部下にもやらせてください。そして、あなたがこのアイデアに見合うと思う金額を、報酬として私に送ってください」

数週間後、社長からコンサルタントのもとに、お礼の手紙と2万5000ドルの小切手が送られてきたそうです。

このネタの用途例

◎「仕事に優先順位をつけて、それに集中することの大切さ」を伝えるときの前フリ。

◎何から取り組んでいいかわからなくなっている人へのアドバイス。

効果的なアレンジ例

◎最初に「ビジネス書などでよく登場する話なので、ご存じの方もいるかもしれません」と言ってもよい。

ネタ

23

人気駅弁の秘密

☑ 朝礼
☑ スピーチ
☑ 雑談
☑ プレゼン
☐ 接待

総合評価
★★★★

全国に数ある駅弁のなかで、私は横浜駅ほかで販売されている「シウマイ弁当」が好きです。

「シュウマイ」じゃありませんよ、崎陽軒《きようけん》では「シ」「ウ」「マ」「イ」と表記します。

1日に数万個が売れるという大人気弁当です。以前に、崎陽軒の社長さんがテレビでこのお弁当がずっと売れ続けている秘密について披露していました。

まず、社長さんが強調していたのは、横浜という地域に根差した展開でした。企業理念で「ナショナルブランドは目指さない。真に優れたローカルブランドを目指す」と掲げているそうです。それで横浜を中心に関東エリアのみの販売なのですね。

そうやって足場を固めた上で、「駅弁なので、お客様がこぼさないように、シウマイはひと口で食べられる大きさにする」「冷めても美味しく食べられるように、4日間じっくりと熟成させた天然ホタテのうま味を利かせることで『冷めたときの豚肉の臭み』を消す」「水気を吸ってごはんが美味しくなるように、容器には、天然木材を薄く削ったものである経木《きょうぎ》を使う」など、食べやすさや味についてもこだわりを持っているのです。このこだわりのためには、経木の使用や天然ホタテの熟成工程などで生産コストが多くかかろうとも、「良いこと」と思えば、ずっと続けているのだとか。

「『変えてはならないもの』ほど、変えやすい。『変えるべきもの』ほど、変えるのが難しい。だから、よく間違えて、逆をやってしまう」という社長さんの言葉がとても印象に残りました。

このネタの用途例

◎「伝統や味を守ることも、改善し続けることも大切」という話の前フリ。

効果的なアレンジ例

◎「シウマイ弁当を食べたことがある人？」と聞いたり、関東エリア以外の出身者に崎陽軒のシウマイ弁当を知っているか聞いたりする。

◎「わが社にとって、変えてはいけないものは何か？　変えなくてはいけないものは何か？」と問いかけてみる。

ネタ

24

料理研究家の言葉

皆さんは「仕込みもの」という言葉をご存じでしょうか?

これ、平たく言えば「保存食」のこと。梅干しとか、たくあんとか、生ハムとか、時間をかけて、干したり、漬けたり、発酵させたりして作る食品のことです。

随筆家であり、料理研究家の辰巳芳子《たつみよしこ》さんは、「熟成した味とは、ものと、人間と、風土と、時間とのかかわりによって作り出される底力のある旨味です」と語り、そのものズバリ『仕込みもの』(文化出版局)という本まで出版されています。

その辰巳さん、『庭の時間』(文化出版局)という別の本で、「仕込みもの」を作るときに必要な心がまえとして、次のような言葉をあげているのです。

「先手、段取り、用意周到、念入り」

後手にまわらないように「先手」を打つ。

手順を間違えず、効率よく進められるように、ちゃんと「段取り」を考えてからこ

☑ 朝礼
☑ スピーチ
☑ 雑談
☑ プレゼン
☐ 接待

総合評価
★★★★

とにあたる。

あとから「しまった」と思わないように、抜け漏れがないか考えて、しっかりと「用意」する。

そして、心を込めて「念入り」に行なう。

「先手、段取り、用意周到、念入り」

なんだか、これって、仕込みものどころか、「人生」や「仕事」をうまく進めるための秘訣そのものではないでしょうか。

このネタの用途例

◎仕事の進め方についてのアドバイス。

効果的なアレンジ例

◎『先手、段取り、用意周到、念入り』の4つのうち、○○さんはどれが一番大切だと思いますか? 自分はどれが弱いと思いますか?」などと聞いてみる。

ネタ

25

「来週の金曜日までに頼む」と言われたら

☑ 朝礼
☑ スピーチ
☐ 雑談
☐ プレゼン
☐ 接待

総合評価
★★★★★

皆さんは、もし、金曜日の朝に上司から「忙しいところ悪いが、来週の金曜日までにこの資料をまとめてもらえないか?」と頼まれたとしたら、いったいいつ、上司に資料を提出しますか?

「来週の金曜日までに」と言われたのだから、来週の金曜日に提出しますか?

「仕事が早い」と周りから一目を置かれている私の知人は、「金曜日の朝に、来週金曜日までに頼む」と言われた仕事は、まず、翌週の月曜日までに概略と中身の2割を完成させて、「こんな方向性でよいでしょうか?」と上司に確認するそうです。

それで、方向性がズレていないことが確認できたら、なんと水曜日には8割以上完成した資料を仮提出するそうです。

そうすると、たいがいの上司は「早いね!」と驚いてくれる。そして、「このまま進めてくれ」と言われたら翌日の木曜日には完成させられるし、軌道修正が入っても金曜日までには余裕で対応できるとのこと。

彼曰く。「上司の言葉を真に受けて、『来週の金曜日までに提出すればいいや』なんて思って、音沙汰無しにしていると、上司は木曜日の夜には『あの件、どうなった？』と、内心かなりイラついて聞いてくるはず。それに、納期ギリギリまで引っ張っていると、予定外の仕事が入って、納期に間に合わなかったりするのがよくあるパターン。納期どおり金曜日の朝に提出しても、まったく上司は驚かないし、もし方向性が違っていたりすると、『今日中に直して再提出』なんて最悪なことになる」

いやはや、耳がイタイですね。

このネタの用途例

◎「前倒しの仕事は、結局、自分を助けることになる」という話の前フリ。

効果的なアレンジ例

◎「私にも覚えがあるのですが」と、自分の「納期を守れなかった失敗談」を絡めるとエラそうに聞こえない。

ネタ

26

あなたの悩みの10年後

誰でもそうだと思いますが、人生というヤツは「悩み」の連続ですよね。

私は何か悩みごとが発生して、解決策がないとき、常にこう思うようにしています。

「大丈夫。何とかなるから」

問題が発生して、「ああーっ、いったい明日どうなるんだーっ」って思っても、実際にその明日になると、必ず、どうにかはなります。地球の自転が止まらない限り、なんとかなるものなのです。

今、どんなに真剣に悩んでいることでも、10年経てばその悩みは6文字か、4文字か、2文字のものに変化します。

6文字とは、すなわち「わらいばなし」

4文字とは、すなわち「おもいで」

2文字とは、すなわち「ネタ」

☑ 朝礼
☑ スピーチ
□ 雑談
□ プレゼン
□ 接待

総合評価
★★★★★

「悩み」なんて、10年後には、「笑い話」として笑い飛ばすか、「思い出」として懐かしむか、「ネタ」として人に話すかのどれかになります。

あるカウンセラーが、こんなことを言っていました。

「イジメにあったりして死にたいという子どもには、ヘタに『死んではいけない』と言うよりも、『1年後にまだ死にたければそのときは死んでもいい』と伝えるんです」

10年どころか1年です。そんなことを言って大丈夫なのか心配になりますが、子どもの世界の1年は大人の世界の10年くらいにあたり、環境が激変するので、1年後には問題が解決していることがほとんどなのだそうです。

チャップリンは映画『ライムライト』の中で、「時は偉大な作家だ。常に完璧な結末を書く」と言っています。

永遠に続くように思える悩みも、時間が経てば状況が変わって、解決するのですね。

このネタの用途例

◎ 悩んでいる人へのアドバイス。

ネタ
27
子どもにブロッコリーを食べさせたひと言

☑ 朝礼
☑ スピーチ
☑ 雑談
☑ プレゼン
☑ 接待

総合評価
★★★★

皆さんは子どものころ、嫌いで食べられないものってありましたか?
○○さんどうでしょう?
私はタラコやイクラなどが気持ち悪くて食べられませんでした。

イクラ丼なんて、今はありがたがって食べていますけれど……。

さて、これは、子どもに「キライな食べ物」を食べさせるにはどうしたらよいかというお話です。

あるテレビ番組で、「ブロッコリーがどうしても食べられない3歳の男の子にブロッコリーを食べさせる」という実験をしていました。

その子、お母さんがいくら「栄養があるから食べなさい」と言っても、まったく食べなかったのですね。

ところが、お母さんがいないところで、第三者であるタレントが、ある言葉を言ったら、あっという間にブロッコリーを食べてしまったのです。

さあ、タレントはその男の子に何と言ったと思います？

タレントはこう言ったのです。

「ブロッコリーを食べる男の子って、カッコイイな」

なんと、この言葉を聞いただけで、躊躇《ちゅうちょ》することなく、ブロッコリーに手を伸ばし、ひと口でパクリ！　苦悶の表情を浮かべながらも、吐き出すことなく、モグモグと食べてしまったのです。

このネタの用途例

◎営業などへ、「無理に進めるよりも、相手にとってのメリットを強調するほうが効く」というアドバイスの前フリ。

効果的なアレンジ例

◎「買ってきた洋服を着ない子には、お母さんが『我慢して着なさい』というより、近所の人から『その服、カッコイイわね』と言ってもらったほうがよい」という話を入れてもよい。

ネタ

28

笑顔のマラソンゴール

ある市民マラソン大会でのことです。

上位にゴールした人たちは皆、満足げな表情を見せています。

続いて、上位集団に遅れてゴールする人たちは、順位が悪くなるにつれて不満げな表情でゴールしていきます。順位が振るわなかったのですから当然のことですよね。

ところが、トップがゴールしてから、なんと2時間も経ってからゴールしたある人は、これ以上ない満面の笑みだったのです。

さて、いったいこの人は、なぜ、笑顔でゴールをしたのでしょう?

ちなみに、その人はすでに大会経験者。初めてマラソンを完走して笑顔になったわけではありません。

○○さん、どうしてこの人は笑顔でゴールしたのだと思いますか?

答えは、「自己ベスト記録を大きく上回ったから」。

- ☑ 朝礼
- ☑ スピーチ
- ☑ 雑談
- ☐ プレゼン
- ☑ 接待

総合評価
★★★

実はこれは、スポーツ心理学者であり、多くの一流アスリートのメンタルカウンセラーを務める児玉光雄さんがその著書の中で紹介している話です。

プロのアスリートではないのですから、他人がどんなタイムでゴールしようが、そんなのはぜんぜん関係ない話なんですね。目指すのは「自分の成長」なわけです。

この人は、「自己ベストタイムの更新」を目標にして大会に参加し、その目標を大きく達成できたので、大満足して満面の笑顔でゴールしたのです。

たしかに、競い合うライバルを持つことは自分の成長につながるでしょう。しかし、他人の結果と自分の結果を比較ばかりして一喜一憂していても意味はありません。

ライバル視して比較するなら、その対象は「過去の自分」が一番なのです。

このネタの用途例

◎「昨日の自分と比較して成長を続けることが大切」という話の前フリ。

参考｜『なぜ大谷翔平は二刀流で闘えるのか』児玉光雄著　双葉新書

ネタ

29

必殺のオーダー術

ある映画に、ラーメン屋の女将さんが、お客様の複雑なオーダーを瞬時に覚えて復唱し、拍手されるというシーンがあります。

複雑なオーダーってつまり、「塩ラーメン大盛にネギをトッピングで」「醤油ラーメンの麺少なめ、ニンニク抜き」などですね。

それを10人くらいのお客様から一気に受けて、全部覚えてしまうのですから、たしかに拍手ものです。私ならもう、3人を超えたらアウトでしょう。

そう言えば、昔、喫茶店を舞台にした「必殺オーダー術」のコントがありました。

アルバイトの店員が5人くらいのお客様から、「アイスコーヒー」「アイスカフェオレ」「オレンジジュース」「クリームソーダ」「ミルクセーキ」とバラバラの注文を受けて、アワワってなってしまうんですね。

すると、その様子を見た先輩の店員が「バカヤロー、オレが手本を見せてやるから、

☑ 朝礼
☑ スピーチ
☑ 雑談
☑ プレゼン
☑ 接待

総合評価
★★★★

よく見てろ！」と言って、今度は7人くらいのお客様の前に出て行くんです。

自信たっぷりにお客様の前まで行った先輩の店員、7人のお客様にこう言います。

「すいません、今日、アイスコーヒーしかできないんです」

それに対してお客様全員が、「じゃあ、それで！」

ただのコントですが、これ、すごいワザですよね。

このネタの用途例

◎「相手に翻弄《ほんろう》されるのではなく、最初にカマして、一気に主導権を握ってしまおう」「それほどヤル気のない相手には、こっちから道筋を示すと効果的」という話の前フリ。

効果的なアレンジ例

◎「どうしてもカフェオレが飲みたい」というお客様がいたら、「わかりました。特別になんとかします」と言って対応すれば、感謝までされてしまうという話を入れてもよい。

ネタ

30

私用電話の男

これは知人のAさんから聞いた話です。

Aさんが会社に入社したころ、仕事でかかわりがあるほかの部門に、仕事中にしょっちゅう奥さんと電話をしている係長がいたそうです。

しかも、奥さんも大胆で、旦那さんの携帯ではなく会社の代表電話に堂々とかけてくるのです。

その係に行って仕事の打ち合わせなどをしていると、その係長に「○○係長、奥さんから電話です」と声がかかる場面をよく目撃していて、「自分がここにいるときだけでもこんなに電話がくるなんて、いくらなんでも私用電話が多いのでは」と思っていたそうです。

その係長は、奥さんから電話がかかってくると、いつも周りに聞こえないくらいの小声で長々と会話をしている。周りの社員もひと言、「係長、いい加減に私用電話は

☑ 朝礼
☐ スピーチ
☑ 雑談
☐ プレゼン
☑ 接待

総合評価
★★★★

やめてください」と言えばいいのに、と思っていたのですね。

しかしある日、その係長が、奥さんからの電話を、こう言って切るのを目撃したのです。

「では、間違いなく納品しておきます。失礼致します」

そうです。

係長は奥様と電話しているのではなく、取引先の「奥」という名前の人と商談をしていたのでした。

Aさんは、「もし、正義ヅラをして『私用電話はほどほどにしてはいかがですか？』なんて言っていたらと思うと、今でもゾッとする」と言っています。

このネタの用途例

◎「相手の事情も知らずに、正義ヅラをして、安易に他人に注意するなかれ」という話の前フリ。

ネタ

31

NASAのボールペン

☑ 朝礼
☑ スピーチ
☑ 雑談
☑ プレゼン
☑ 接待

総合評価
★★★★

こんなジョークがあります。


旧ソ連とアメリカが、宇宙への進出で激しい競争をしていたときのこと。

アメリカの航空宇宙局、NASAで1つの課題が浮上しました。

それは、宇宙飛行士たちが宇宙空間で使用するボールペン。

無重力状態だと、インクがうまく出てこないのです。

NASAの科学者たちは、その頭脳を結集し、莫大な予算をかけて「宇宙でも使用できるボールペン」を開発しました。

アメリカの科学者たちが、「われわれに解決できない問題はない!」と得意になっていたそのころ、ソ連の宇宙飛行士たちは……。

エンピツを使っていた。

このネタの用途例

◎「何ごともムズカシク考えると解決策が見えにくくなる」「頭を柔らかくしてズルい解決策を見つけよう」などの話の前フリ。

効果的なアレンジ例

◎「ＮＡＳＡが無重力でも使える『スペースペン』を開発したのは実話。理由は鉛筆だと芯が折れたり、削りカスが浮遊したりするなど不具合があるため。ただし、民間委託にしたので膨大な予算はかけていない」という雑学を入れる。

◎同じような例にこんな話も。ある食品工場で肉まんとあんまんを区別するために、肉まんにはヒネリをくわえて形を変えるようにしていた。このヒネリが手作業だったため、とても面倒だったが、１人の従業員のアイデアで「区別のためにあんまんに焼き印をつける」という方法に変更することで作業工程がすこぶる楽になった。

ネタ

32

編集長への質問

もうウン十年も前のことです。

『少年ジャンプ』の編集長の講演を聴く機会がありました。

編集長自らが「ジャンプの連載漫画の3大方針は、『友情・努力・勝利』。だからジャンプの漫画の主人公たちは、ぜったいに戦いにも試合にも勝つんです」なんて、熱く、そして面白おかしく語ってくださいました。

講演のあとは、質疑応答になったのですが、当時の私は聞きたいことがあるクセに「外した質問をして笑われたらどうしよう……」なんて考えてしまって、手を挙げる勇気がありませんでした。

そうしたら、30歳くらいの1人の男性が手を挙げて、とんでもない質問をしたのです。

何を質問したと思います？

なんと彼、こう質問をしたのです。

- [x] 朝礼
- [ ] スピーチ
- [x] 雑談
- [ ] プレゼン
- [x] 接待

総合評価
★★★

「私はずっと『こち亀』の大ファンです！　作者の秋本センセイにお会いしたいのですが、何とかなりませんか？」

このストトンキョウな質問に会場はドッとウケました。

もちろん、この申し出は編集長からやんわりと断られましたが、私には、「ああ、こんな質問でもいいんだ！　手を挙げることもできなかった自分よりも、よっぽどいい」と、目からウロコだったのです。

このネタの用途例

◎「会議での発言や、講演会での質問などは、恥ずかしがらずに積極的にやったほうが自分の血肉になる」ということを伝えたいときの前フリ。

効果的なアレンジ例

◎自分の体験として話すのが難しければ、「友人がかつて体験した話」としてもよい。

ネタ

33 相手の言葉に腹を立てない秘策

相手のちょっとした言葉にカチンと来たり、上司の心ない言葉に腹を立てて、逆ギレしてしまったり。世の中にケンカほど不毛なものはありません。こうした怒りの感情を管理し、うまく付き合うことを「アンガーマネジメント」と言います。

心理カウンセラーとして、延べ1万人もの人たちの「心の悩み」を解消してきた吉《よし》家《いえ》重《しげ》夫《お》さんによると、そんな、「相手の言葉にカチンときてしまいそうなときに試すと、腹を立てる気が無くなる」という便利な方法があるそうです。

どんな方法だと思います？

それは、「相手の頭のてっぺんにチューリップが生えているのを想像する」のだそうです。実はこれ、人間関係を悪化させないためによく知られる方法なのだとか。

たしかに、頭にチューリップが生えている人が何を言おうが、「頭にチューリップ生やして、何、ムズカシイこと言ってんの？」と腹を立てる気も失せますよね。

- [x] 朝礼
- [ ] スピーチ
- [x] 雑談
- [ ] プレゼン
- [x] 接待

総合評価
★★★

私はこの方法のほかに、「頭の中で、相手の言葉の語尾に勝手にへんな言葉を付けてしまう」という方法も聞いたことがあります。相手が「どうするつもりだ！」と言ってきたら、頭の中で「どうするつもりだピョン！」とか付けてしまうのです。

このワザを使うときは、怒られているのに、つい笑ってしまわないように注意です。

このネタの用途例

◎相手の言葉にイラッときやすい人や、ケンカをしがちな夫婦などへのアドバイス。

効果的なアレンジ例

◎「ちょっと、嫌いな人の頭にチューリップが生えているのを想像してみてください」という時間をとる。

3

朝礼・スピーチ・雑談で
笑えて、面白いと言われる
話のネタ45本！

point

すべらない話し方、3つのコツ

第1章で、「ある意図を持って相手に話をするとき」の神髄は、「相手が興味を引く、有益な情報をユーモアでコーティングしてお届けする」こととお伝えしました。**人前で話をするときには、このユーモアはとても重要な要素です。**

人は自分を笑わせてくれる人には好意を持ちます。「笑い」は、他人の心の扉を開ける「魔法の鍵」なのですね。アメリカでは、「始まって1分以内に笑いが起こらないスピーチは犯罪である」と言われていると聞いたこともあります。

しかし、この「笑い」は「諸刃の剣」。すべってしまうと、場の空気が悪くなりかねません。本書には、特別な話術を必要としない「誰が話してもウケる話」をそろえたつもりです。とはいえ、本章で「笑えて、面白いと言われる話のネタ」をご紹介する前に、少しだけ「すべらない話し方」をするためのちょっとしたコツについて、お話をさせてください。

私が考えるもっとも重要なコツは、3つです。

3

朝礼・スピーチ・雑談で笑えて、面白いと言われる話のネタ 45本！

1 すべらない話し方のコツ1 「間」

かつて、昭和の名人と呼ばれた古今亭志ん生《ここんていしんしょう》という落語家がいました。とにかく語りの「間」が絶妙で、くだらないダジャレも志ん生が言うとお客にドカンとウケるのです。

あるとき、まったく同じ落語の台本を、志ん生と別の落語家がしゃべって、どれくらいウケ具合が違うかという実験をしたことがあったそうです。結果は歴然。言っていることは同じでも、志ん生がしゃべると、もう1人の落語家とはお客のウケがまったく違ったそうです。

内容が同じでも、「間」だけでウケ方が違うと証明されたわけですね。

私も、あるまったく同じアメリカンジョークを、ある人が講演でしゃべったらドカンとウケたのに、別のときに某社の部長がセミナーで引用したときは、あきらかに「間」を外して、誰ひとり笑わなかったという悲劇を目撃したことがあります。

聞いている**人が笑うかどうかは「間」が8割**と言っても過言ではありません。

そして、この「間」をつかむには、ウケる落語家や芸人など、**話がうまい人の「間」を真似する**のが一番の近道なのです。

さらに、大勢の人の前で披露する前に、**何人もの友だちにそのネタをしゃべってみて、「あっ、オチの前にこれくらい間を入れるとウケるのか」というのをカラダで覚える**のがよいと思います。

なんだか、突き放したように聞こえるかもしれませんが、やはり繰り返して披露するのが、そのネタが一番ウケる「間」をつかむのに最適の方法です。私も同じジョークを知り合いにためすことで、ネタごとに「間」をつかむようにしています。

2　すべらない話し方のコツ2　「オチは引っ張って最後に」

ひと言で言えば、**「先にオチを言うな」**です。

そのネタの中で、一番笑いを取れる「オチ」は、引っ張って引っ張って最後に披露するのです。あっ、この「引っ張る」とは、「この前、すごく面白いことがあって……」と、オチのハードルを上げるという意味ではありませんので誤解なきように。

以前に「視聴者に最後まで興味を持たせるニュース映像の編集方法」という話を聞いたことがあります。

たとえば、ニュース映像は次のように編集するのがよいというのです。

「何やらたくさんの人たちが河原に集まって空を見上げている映像」↓「その人たちが、空を指さしたり、笑ったり、ときには歓声をあげたりしている映像」↓「空を見ていた人たちの視線が徐々に下へと下がっていく映像」↓「河原の地面の映像」↓「大きな凧《たこ》がその地面に落ちてくる映像」

こういう順番に編集すれば、視聴者は「えっ、何を見ているの？」と思って最後まで映像を見てしまうというわけです。

このニュース映像では、文字通り、凧が落ちてくるのが「オチ」です。

これが、いきなり「大空に凧が上がっている映像」から始まったら、「ああ、大凧あげのニュースね」となってしまい、面白くも何ともありませんよね。

あなたがもし、「魚のコイにヒモをつないで、川べりを歩きながら、そのコイを泳がせて、犬のようにコイを散歩させている人」を見たとします。

そんなオイシイ目撃をしても、それを人に話すとき、「この前さ、コイを散歩させている人を見ちゃってさ」と話をはじめてしまったら、もうそこでネタバレ。

あとはどう話しても面白い話にはなりません。

そうではなく、「○○川って知ってる。この前さ、あの川の遊歩道を散歩していたら、川ぞいにヒモを握って歩いてくる人がいてさ。その人が持っているヒモの片方が川の中に伸びていたのね……」と引っ張って引っ張って、最後の最後に、「それで、いったいそのヒモの先に何がいたと思う」と間をとってから「コイを散歩させている人だった」というオチを披露するのです。

3　すべらない話し方のコツ3　「聞いている人に予備知識を与える」

古典落語の中には、「時代が変わってしまって、聞いている人たちにオチの意味がわからなくなった」という理由で埋もれていった噺《はなし》がたくさんあります。

よくできた古典落語でさえも、**聞いている人が、オチの意味がわからなければ、ウケようがありませんよね。**

たとえば、男ばかりで飲んでいて、「これから皆でキャバクラへでもくり出そう」と盛り上がったとき、1人が「これがホントの『いざ、キャバクラ』ですね」と言って、ドカンとウケたとします。しかし、1人だけ何が面白いのかさっぱりわからない。その1人は「いざ、鎌倉」ということわざを知らないから、笑いようがないわけです。

話す相手が知人なら、「何を知っていて何を知らないか」もわかりやすいでしょう。

3
朝礼・スピーチ・雑談で 笑えて、面白いと言われる話のネタ 45本！

しかし、大人数や世代が離れた人たちが聞いているときは、こうした「知っていることのギャップ」を意識しないと、大ケガ（＝ただスベり）の原因になります。

こうした事態を避けるために、落語家はオチがわかりにくい噺を演《や》るときは、「すべてのお客がオチの意味をわかるように」と、本題に入る前のまくらの中で、お客にそれとなく予備知識を与えているのです。

人前でオチのある話をするときは、落語家同様、**聞いている人たち全員にオチの意味がわかるように、予備知識を与える**ように心がけましょう。

さっきの例なら、最初に「いざ、鎌倉」の語源になった話から始めて、「そう言えば、この前、残業をしているときに……」と、さも、思い出したようにネタに移行すればよいのです。

以上、「すべらない話し方のコツ」について、私がもっとも重視している3点に絞ってお話をさせていただきました。

では、「間」「オチのタイミング」「聞いている人への予備知識」という3つを意識しながら、「笑えて、面白いと言われる話のネタ45本」をお楽しみください。

ネタ

34

ライオンと呼ばれた男

これからお話をするのは「ライオンと呼ばれた男」という物語です。

私がその「ライオンと呼ばれた男」と出会ったのは、大学時代のことでした。

当時の私は、〇〇サークルに所属していて、周りから「ライオン」と呼ばれていたのは、そのサークルの2年先輩であるS先輩でした。

「ライオン」という勇ましいアダ名で呼ばれているのに、S先輩は温厚で、とても「ライオン」というイメージはありません。不思議に思った私は、ほかの先輩に「どうしてS先輩はライオンと呼ばれているのですか？」と聞いてみたのです。

先輩によると、S先輩が「ライオン」と呼ばれるようになったのは、S先輩が1年生のとき、はじめてサークルの泊りがけの合宿に参加したときから、とのこと。

その夜、合宿恒例の飲み会が行なわれ、S先輩を含めた1年生たちは、先輩たちからしこたまビールを飲まされて、皆、ベロベロに。しかし、その中でS先輩だけは顔

□ 朝礼
□ スピーチ
☑ 雑談
□ プレゼン
☑ 接待

総合評価
★★★★★

色ひとつ変えずにビールを飲んでいたそうです。

先輩たちが、S先輩の凛々しい姿に、「この1年生はタダモノではないのでは？」と思いはじめたそのとき……。

S先輩、口を大きく開けたかと思うと、突然、四つんばいになり、信じられないくらいの勢いで大量のゲロを吐いたのです。

その姿が、まるで温泉地のローマ風呂にある、口からお湯を出すライオンのように見えて、それ以来、S先輩は「ライオン」と呼ばれるようになったのでした。

このネタの用途例

◎「人には意外な一面があるもの」ということを話したいとき。

◎「何か面白い話ない？」と聞かれたときの持ちネタ。

◎朝礼や食事前はヒンシュクを買う恐れがあるので、雑談などでの話題として使う。

効果的なアレンジ例

◎自分の先輩の話として、「これは『ライオンと呼ばれた男』の話です」、といかにもカッコイイ男のエピソードのように始めるとオチとのギャップでウケる。

ネタ

35

鼻クソ事件

- [x] 朝礼
- [x] スピーチ
- [x] 雑談
- [ ] プレゼン
- [x] 接待

総合評価
★★★★★

これは、今思い出しても恐ろしい、私が小学生のころの体験です。

小学何年生のときかは忘れましたが、とにかく、学年があがって、新しいクラスになった最初の日のこと。席が決まって、女の子ととなり同士になったのですが、私は、その子の顔を見てあ然としました。

だって、皆さん、その子、右の鼻の穴から細長くて黒い鼻クソを大胆に出していたのです。そして、本人はそのことにまったく気がついていない様子なのです。

いや～、子ども心に、「言うべきか、言わざるべきか」迷いに迷いましたね。

それはたしかに、いつかは本人が自分で気がつくとは思います。でも、それまでのあいだ、この子は恥ずかしい姿をクラス中にさらさなくてはなりません。

おバカな男子がはやし立てて、もしかしたら「鼻クソちゃん」なんてアダ名がついてしまうかもしれない。その悲劇を救うことができるのは、今、鼻クソの存在にいち早く気がついた自分しかいない！

ここは勇気を持って、注意してあげるのが、本当の優しさなのではないだろうか？

しかし、迷ったあげく、私は注意するのをやめました。どうせ、トイレに行って鏡を見れば気がつくと思ったからです。

休み時間に、どうやらトイレに行ったようなので「よかった……」と思ったのもつかの間、彼女、鼻クソをつけたまま戻ってきたのです。バカなのか、この子は！

しかし、バカなのは、その子ではなく、私だったのです。だって、その子は翌日も鼻クソをつけた顔で登校してきたのですから。

そうです。

鼻クソにしか見えなかったものの正体は、少し細長いホクロだったのです！

もし、勇気を出して注意していたらと思うと、今でも背筋が寒くなります。

このネタの用途例

◎「他人に何かを注意するときは、くれぐれもご用心」という話の前フリ。

ネタ 36

居酒屋のダチョウ

- [x] 朝礼
- [x] スピーチ
- [x] 雑談
- [ ] プレゼン
- [x] 接待

総合評価
★★★★

これは、テレビ関係の業界人同士が飲んでいたときに本当にあった話です。

片方が、その当時、まだ無名だったころの「ダチョウ倶楽部」の3人をそのお酒の席に呼ぼうと思って、一緒に飲んでいた相手に言ったんですね。

「これからダチョウを呼んでもいいかな？」

言われたほうの人は、業界人ではあったのですが、まだ「ダチョウ倶楽部」のことを知らなかったので、すっかり本物のダチョウの話だと思い込んでしまったんです。

それで、驚いて聞き返します。

「えっ、ダチョウ？　ダチョウを呼ぶの？　今？　ここに？」

「だめ？」

「いや、だめじゃないけど……。ダチョウって、そもそも何食べるの？」

「何って……、あいつら何でも食うよ。酒も飲むし」

「ええ!!　ダチョウって、酒を飲むんだ！」

「そりゃ、飲むよ！」

……って、延々と話が噛み合わなかったのだとか。

ウソのようなホントの話です。

このネタの用途例

◎『相手は知っていて当然』と思って話を進めると、とんでもないボタンのかけ違いが起こりかねない。最初の段階でしっかりと確認が必要」という話の前フリ。

効果的なアレンジ例

◎話を聞いている人たちの中から、お笑いに興味がなさそうな人を指名して、「ダチョウ倶楽部って知っている?」と聞く。その人が知らなければ、「最近はピンで活躍している上島竜兵はもともとこの3人組の1人」などとフォローする。話の途中の「飲んでいる相手がダチョウ倶楽部を知らなかった」という部分に、その人の名前を入れて、「○○さんのように、ダチョウ倶楽部を知らなかったんですね」と言ってもよい。

ネタ

37

「ワインはありますか?」

- ✔ 朝礼
- ✔ スピーチ
- ✔ 雑談
- □ プレゼン
- ✔ 接待

総合評価
★★★★

フォークシンガー、というより、最近は居酒屋に関する本を出していて、「日本一居酒屋が似合う男」と言っても過言ではない、飲んべえ歌手のなぎら健壱《けんいち》さんのエピソードです。

なぎらさんが、友人たちとアメリカへ旅行したときのこと。

レンタカーでホテルに向かう道すがら、「どこかで酒を買ってからホテルに入ろう」ということになりました。しかし、なかなか酒屋らしき店がありません。

と、前方のガソリンスタンドからビールを飲みながら出てくるお客を発見。

「ははん、アメリカではガソリンスタンドでビールを売っているのか」と、車を停車してスタンドの小さな売店に入ってみました。

すると、たしかに何種類かのビールを置いているではありませんか。

各自が好きなビールを選んだところで、英語が堪能な1人がふと思いついて「すいません、ワインは置いていないのですか？」と店主らしき人に聞いたのですね。

すると、店主、友人をギロリと睨んで、こう言ったのです。

「おまえは何を言っているんだ？　ここはガスステーションだぞ、リカーショップじゃないんだ。アルコールを置いてあるわけがないじゃないか！」

そんなことを言われても……と、友人は言い返します。

「でも……ビールはあるんですよね？」

その言葉を聞いた店主、ますます、おまえは何を言っているんだという顔をして、こう言ったのだそうです。

「当たり前だろ、ビールはあるさ」

このネタの用途例

◎「ところ変われば常識も変わる」「郷に入っては郷に従え」などの話の前フリ。

効果的なアレンジ例

◎自分の体験談にアレンジしてもよい。

出典元｜『酒《しゅ》にまじわれば』なぎら健壱著　文春文庫

ネタ
38

「いい出モノがあるんだ」

たぶん江戸時代に作られた小話です。

ある男が、目黒不動へ参詣《さんけい》しようと思い立って出かけましたが、途中で便意をもよおしてしまいます。江戸時代のことですから、公衆トイレなどという気の利いたものはありません。

しかたなく、ものかげに隠れて用を足すことにしたのですね。

さて。ことが済んで、自分が出したものを見てみると、ツヤといいヒネリといい、実にどうも「素晴らしい」のひと言。見とれるうちに、置いていくのが惜しくなってしまい、紙に包んで、ふところに入れて持っていくことにしました。

しばらく歩いていると、いいあんばいに、天秤棒《てんびんぼう》に2つの肥え桶《おけ》をつけて担いでいる「肥買《こえか》い」がやってきます。昔は、人の便は貴重な肥料でしたから、肥《こやし》としてそれを買い取る人がいたのですね。

□朝礼
□スピーチ
☑雑談
□プレゼン
□接待

総合評価
★★★★

これはありがたいと、男は肥買いに声をかけます。

「肥買いさん、いい出モノがあるんだが、買い取りは1つからでもかまわないかい？」

「かまいませんが……、モノはどちらに？」

「いや、ここに持っているんだ」

男がふところから紙にくるまれたモノを出すと、肥買いさん、ギョッとします。

目の前に差し出されたモノと、男の顔を交互に見て、肥買いさん、後ずさりしながらこう言ったのです。

「まさか……。盗品じゃないでしょうね……」

このネタの用途例

◎雑談で「江戸の話」が出たときの持ちネタ。食事どきには注意。

効果的なアレンジ例

◎最後の部分はふところからモノを出す仕草をして、それを見て目を丸くする肥買いさんの表情も演じる。オチは間をとって、演技っ気たっぷりに言う。

ネタ

39

沈没する船の甲板で1

- ✔ 朝礼
- ✔ スピーチ
- ✔ 雑談
- ✔ プレゼン
- ✔ 接待

総合評価
★★★★

これからお話をするのは、とても有名なジョークなので、もし、聞いたことがある人がいたら、オチを先に言わないでくださいね。国民性を皮肉ったジョークを「エスニック（民族風）ジョーク」と言いますが、これもその1つです。

あるとき、世界各国の人々が乗った豪華客船が、沈没の危機にひんしました。救命ボートが足りないので、船員たちは、お客様のうち泳げる人には、『海に飛び込んでください！』と説得することにしたのですね。

海に飛び込ませるために、ドイツ人のお客様には、こう言ったそうです。

「泳げる人は飛び込むのがルールです」

イタリア人には、海のほうを指さしてこう言ったそうです。

「あっちで美女が泳いでいましたよ」

フランス人にはこう言ったそうです。

「決して海に飛び込まないでください」

アメリカ人にはこう言いました。

「海に飛び込めば、あなたはヒーローだ！」

そして、最後に、日本人のお客様には、耳元でこうささやいたそうです。

「皆さん……、飛び込んでおられるようですよ……」

このネタの用途例

◎「このように、日本人はとかく周りを気にして行動する。もっと積極的に行こう！」や「日本人のお客様は、周りの雰囲気に影響されやすい」などの話の前フリ。

効果的なアレンジ例

◎各国のお客様へのひと言の前とあとに、一瞬間をとるのがコツ。そして、最後の日本人への言葉は、いかにも耳元でささやくような仕草で、ゆっくりとつぶやくと効果的。

◎ウチの部のメンバーが乗った船が……と変えて、ドイツ人を「真面目なA課長」、イタリア人を「モテモテのB君」などに変えると、グッと身近な話になる。

ネタ

40

沈没する船の甲板で2

☑ 朝礼
☑ スピーチ
☑ 雑談
☑ プレゼン
☑ 接待

総合評価
★★★★★

（前の項でご紹介した、豪華客船のジョークに続けて）さて、このジョーク、考えてみると、頭の体操として、いくらでもバージョンを増やすことができますよね。

たとえば……。

韓国人には、「日本人は、もうすぐ飛び込むみたいですね」

関西人には、「阪神タイガースが優勝したそうです」

なんてどうでしょう？

このように、ジョークの前半だけ聞いて、自分でいろいろとオチを考えると、ユーモアを解する「ジョーク脳」を鍛えることができます。

では、1つ例題。

〈メキシコの田舎を旅していると、なんと、酒場で人間相手にポーカーをする犬がいるではないか！　驚いて「すごい犬ですね！」と言うと、犬とポーカーをしている男

はこう言った。「な～に、大したことはねぇよ。何しろコイツ……」〉

さて、この続きのオチを考えてみてください。

いかがですか？　いくつか例を挙げましょう。

「……この中じゃ、せいぜい、3番目くらいの強さだから」

「ポーカーのルールを覚えるのに3日もかかったんだぜ」

「うちのネコには1回も勝ったことがねぇからな」

「イヌだけに、ワンペアが好きでね」

いかがですか？　いろいろなオチが考えられますよね。

ちなみに、このジョークの本当のオチは、「……いい手がくると、シッポを振るから、すぐに相手にわかっちゃうんだ」です。やはり、本当のオチはウマいですね。

このネタの用途例

◎仲間同士の集まりなら、ジョークのオチを考えて披露し合うのも一興。

◎「アレンジすることで無限の可能性がある」という話の前フリ。

ネタ

41

昇太師匠、ツカミのひと言

皆さんは、テレビ番組の『笑点』をご覧になっていますか?

あの番組、始まったのは1966年と言いますから、2016年でもう50年です。

半世紀も放送していて、いまだに週間視聴率ランキングの上位にいるのですからすごいですよね。

その『笑点』の現在の司会者、春風亭昇太さんが若いころの話です。

昇太師匠は落語家ですから、呼ばれればどこでだって落語をします。で、あるとき、一般企業の「改善事例発表会」の余興として呼ばれて落語をすることになったのだそうです。「改善事例発表会」とは、昔、いろいろな企業で盛んに行なわれた「TQC活動」の一環です。「TQC」って、たしか、「トータル・クオリティ・コントロール」とかの頭文字で、要は、業務の改善を進めるための社員たちのサークル活動ですね。

その発表会は、改善をやったサークルが何組も出てきて、自分たちの活動内容を発

- ☑ 朝礼
- ☑ スピーチ
- ☑ 雑談
- ☐ プレゼン
- ☑ 接待

総合評価
★★★★

表し、最優秀サークルを表彰したりするもの。昇太師匠は、各サークルの発表が終わって、優秀サークルを決めるまでの間の余興として舞台に登場したのですね。

テンツクテンツクという出ばやしとともに舞台に登場し、ザブトンに座った師匠。

「え〜、本日は改善事例の発表会ということで……」と切り出し、次のひと言で大爆笑を取ったそうです。昇太さん、何と言って会場を爆笑させたと思います？

師匠は「本日は改善事例の発表会ということで……」のあとにこう続けたのです。

「ツライでしょう……」

このひと言で、午前中からずっと発表を聞かされて疲れきっていた社員たちは思わず大爆笑をしてしまったのです。

このネタの用途例

◎「本音をついたひと言は相手の心をとらえる」という話の前フリ。

効果的なアレンジ例

◎「ツライでしょう……」のひと言の前にはたっぷりと間をとること。

ネタ

42

薄いサワーが出たときに

- ☑ 朝礼
- ☑ スピーチ
- ☑ 雑談
- ☐ プレゼン
- ☑ 接待

総合評価
★★★★

私がまだ大学生だったころ。クラブ活動の宴会で、大学の近くの居酒屋を利用することがありました。宴会用の広間があって、安いお鍋か何かのコースがあったので、学生が大人数で宴会をするのに便利な店だったのですね。

そのお店について、今でもよく覚えているのは、ビールが薄かったことです。

ビールをオーダーすると「栓を抜いたビンビール」を運んでくるのですが、このビールの味がやけに薄かった。

あれは経費削減のために水で薄めていたのでしょうか?

今となっては永遠の謎です。

先日、友人が新宿のパブでサワーを注文したら、とんでもなく薄いサワーが出てきたそうです。とにかく、まったくアルコールが入っている感じがしなくて、ただの薄いジュースを飲んでいるようだったとのこと。

その友人、ビールや日本酒が嫌いで、居酒屋ではいつもサワーばかり。薄めているという証拠もないのにお店に文句を言うのもなんだし、2杯目はどうしようかと考えた末、ニコニコした顔で、店員にこう伝えたのだとか。

「サワーのおかわりを、今度は少し濃い目でお願いしまっす！」

そうしたら、2杯目は、あきらかに1杯目よりも濃いサワーが出てきたのだそうです。

このネタの用途例

◎「クレームなどを主張するときは、笑いをとるくらいにソフトに言うと意外に相手はよくやってくれる」という話の前フリ。

効果的なアレンジ例

◎「相手にクレームを言うとき、激しい口調で言って、逆ギレされたことはありませんか」などと聞いてみる。

ネタ

43

木久ちゃんの息子の天然ボケ

□ 朝礼
□ スピーチ
☑ 雑談
□ プレゼン
☑ 接待

総合評価
★★★

人気番組の『笑点』の最古参、林家木久扇《きくおう》さん。

その息子さんは今、林家木久蔵《きくぞう》というお父さんのかつての名前を引き継いで落語家をされています。

たぶん、皆さんはご存じないと思いますが、顔や声がお父さんの木久扇さんにどんどん似てきています。それだけではなく、お父さんの「天然ボケ」もしっかりと遺伝しているというお話。

あるとき、落語の師匠が木久蔵さんに、「おい木久蔵、七福神ってなんだったか、言えるか？」と聞いたそうです。

ちなみに、皆さんは言えますか？　ほら、あの宝船に乗っている神様たち。

七福神とは、恵比寿様、大黒様、毘沙門天《びしゃもんてん》、弁天様、布袋《ほてい》様、福禄寿《ふくろくじゅ》、寿老人《じゅろうじん》ですね。

こうした「古い知識」は落語家にとって「知っておくべき一般常識」。この師匠は木久蔵さんがちゃんと勉強しているかをテストしたわけです。

「七福神、順に言ってみな」と言われた木久蔵さん。

しばし、ウーンと考えて絞り出した回答は次のようなものでした。

「えーと、天狗でしょ、それからカッパ……あと、なんでしたっけ？」

ひとつつも合ってないですから！

話すときの注意点

◎七福神を知らない人もいるので、それとなく答えを先に言っておくこと。「知っていますか？」というところで、誰かを指名してもよい。

このネタのアレンジ例

◎「天然ボケ」という言葉を作ったのは欽ちゃんこと萩本欽一さんだという小ネタを入れる。

出典元｜『笑芸人 しょの世界』高田文夫著　双葉新書

ネタ

44

レストランにて

レストランを舞台にした、こんなジョークを聞いたことがあります。

「店員さん、このステーキなんだけど、いくらなんでもひどくないか？　店長を呼んでくれ！」

「お客様、いくら店長でも、そんな肉、食べませんよ」

日本のレストランではあまり考えられないことですが、サービスがいいかげんな海外では食器が汚かったり、日によって味が違ったりと、とんでもない料理が運ばれてくることが多いようで、レストランネタのジョークがたくさんあります。

では、そんなレストランジョークから私が好きなものを連発で。

カフェに入ってきた4人のお客、全員がコーヒーを注文した。そのうちの1人が念のため店員にクギをさした。

「君、カップはちゃんと洗ってくれたまえよ」

□朝礼
□スピーチ
☑雑談
□プレゼン
☑接待

総合評価
★★★★

しばらくして、コーヒーを運んできた店員、４人を見まわしてこう言った。

「えーと、洗ったカップをご希望のお客様はどちらです？」

○

「おい店員さん、スープからボタンが出てきたぞ！」

「そこにありましたか……ずいぶん探しましたよ」

○

「店員さん、このスープにハエが２匹も入っているぞ、いったいこれはどういう意味かね！」

「さあ、わかりませんね。私、占い師ではないので」

このネタの用途例

◎ レストランで、なかなか料理が来ないときなどの雑談ネタ。

効果的なアレンジ例

◎ もう少しソフトなジョークを自分の体験として語ってもよい。

ネタ

45

高田純次の素人いじり

テキトー男こと、高田純次さんがブラブラと散歩をするだけのテレビ番組がありま す。

この番組の中で高田さんは、お店の人や街角で会う一般の人たちに、次々とギャグをかましています。たとえば……、

・街角のお店に入って行って店員さんに。

「どーもー、カメラいいかな？『石炭ができるまで』って番組なんだけど」

・お店のご主人の歳が90歳と聞いて。

「あら！ ご主人若いねぇ。見たところ、そのへんの学生かと思った」

・女性2人に。

「姉妹でしょ？」

「えー、違います」

- [x] 朝礼
- [x] スピーチ
- [x] 雑談
- [ ] プレゼン
- [x] 接待

総合評価
★★★★★

「だろうね、似てないもの」
・女性と話していて。
「いや〜、ひさしぶりにキレイな人と会っちゃったなぁ〜」

「えっ、私のこと？」

「ううん、さっき」
・若い女性に。
「松嶋菜々子に似てるって、言われたことない？」

「えーっ、ないです」

「あっ、そう。じゃあ、似てないんだね」

などなど。相手は素人なのに、とどまるところを知りません。

でも、この軽さが、もう大ベテランの大物芸能人でありながら、一般の人が気軽に声をかけられる「敷居の低さ」を醸し出しているのではないでしょうか。

このネタの用途例

◎「気さくな態度が周りの人を引きつける」という話の前フリ。

ネタ

46

小堺一機の切り返しワザ

✓ 朝礼
✓ スピーチ
✓ 雑談
□ プレゼン
✓ 接待

総合評価
★★★★★

前身の番組も含め１９８４年10月から２０１６年３月まで、31年半もの間、フジテレビ系列でウイークデーに毎日放送されていたトーク番組の司会を務めていた小《こ》堺《さかい》一《かず》機《き》さん。

ゲストの中には放送時間を気にせずにしゃべり続ける人や、スタジオが凍りつくほど寒いギャグを連発する人もいます。そういう人たちを相手に、場を盛り上げていく小堺さんの切り返しワザは、もはや芸術の域でした。

では、その「切り返しワザ」をいくつかご紹介しましょう。

○おしゃべりやダジャレが止まらないゲストには……。

「スミマセン、誰か後ろから鈍器で殴ってください」

「（客席に向かって）この中にお医者さんはいらっしゃいませんか？」

「（あさっての方向を向いて）誰かーーっ」

○ゲストのギャグがすべってスタジオがシーンとしてしまったときは……。
「東京にも、こんな静かなところがあったんですね」
○ものすごい勢いでマシンガントークをするゲストには……。
「あの、ひとつ質問なんですけど……。いつ息してるんですか？」
○延々と話し続けるゲストには……。
「お客様、そろそろ看板なんですけど」
○ひと目で場違いな服装をしたゲストが登場したときは……。
「これは、大ごとになりますよ……」
ヘタをすると場の空気が悪くなってしまいかねないところを、絶妙なギャグで笑いに変えているのが素晴らしいところですね。

このネタの用途例

◎「場を回すことが多い人」へのアドバイス。

効果的なアレンジ例

◎「人前で、自分の言ったギャグがすべったときにも応用できる」と紹介してもよい。

出典元|『いつだってごきげんよう』小堺一機著　扶桑社

ネタ

47

親の姿を見て……

☑ 朝礼
☑ スピーチ
☑ 雑談
☐ プレゼン
☑ 接待

総合評価
★★★

よく、サクセスストーリーのドラマで、主人公が子どものころに、だらしのない親の姿を見て、「自分はぜったいにああなるもんか！」と奮起して成功者になる……というパターンがありますよね。

たいがいは、父親が酒びたりでギャンブル好き。

母親は苦労続きで、主人公は「オヤジのようになってたまるか、いつか成功して母さんにラクをさせるんだ」って頑張ることが多い。たまには、母親がだらしなくて、父親がしっかりしていても良さそうなものですが、よく考えると父親がしっかりしていると貧乏にならないので、話が成り立たないのですね。

さて、この親がだらしなくて、子どもがしっかりするパターン。ドラマでは定番でも、現実の世界ではなかなかそうはならないのが世の常。

なぜなら「子どもは親の姿を見て、真似をするものだから」です。

1年に1冊も本を読まない親が、いくら子どもに「本を読みなさい」と言ってもなかなか読みませんよね。子どもに本好きになってもらいたければ、親が子どもの目の前で喜々として本を読むことです。そうすれば、放っておいても、子どもは読書好きになります。

「子どもは親の姿を見て真似をするものだ」ということを皮肉った、たったひと言のジョークがありますので披露しますね。

それはこんなジョークです。

〈父親が息子に向かってこう言った。

「オマエはどうしてそう話がオーバーなんだ！　オーバーな話には誰も耳を傾けないと、父さんはもうオマエに100万回は注意しているぞ！」〉

このネタの用途例

◎「子どもが勉強しなくて」という親への軽いアドバイスとして。

ネタ

48

恥ずかしい誤送信

電子メールはとても便利ですが、常に「誤送信」の危険がつきまといます。

きっと、皆さんも、1度や2度はとんでもないメールの誤送信をしてしまった経験があるのではないでしょうか。

私の知り合いの会社員も、取引先の女性から厳しい指摘のメールをもらった直後、「あのババア、また、うるさいことを言ってきたよ」と同僚にメールをしようとして、うっかり取引先の当人に返信してしまったことがあったと話していました。

その彼は、部長にたっぷりと絞られたあと、一緒に高級お菓子を持って謝罪に行ったそうです。

さて。これからお話をするのは、現在は企業の代表を務めるある社長さんが、かつて証券会社や投資家たちに「株式の情報」を配信する企業に入社した「初日」にやらかしてしまった「若き日の大失敗」です。

- ☑ 朝礼
- ☑ スピーチ
- ☑ 雑談
- ☐ プレゼン
- ☑ 接待

総合評価
★★★★★

朝の8時。先輩社員たちは、外資系証券会社のアナリストたちから集めた最新の株式情報から、『株式市場動向分析ニュース』の原稿を執筆します。

そして、入社したばかりの彼に、「パソコンのメニューに『外資系アナリストコメント』と打ち込んでアップしろ」と命じたのですね。

指示された彼は、スピードを意識して、ニュースを配信します。

数万台の情報端末にニュースが流れて行った瞬間、先輩の怒鳴り声が響きました。

「おい!『アナリスト』が『アナルスト』になっているぞ!」

「分析家」のはずが、「肛門の愛好家」みたいになってしまったのですから、とんでもない大惨事です。しかも、無情にも、先輩社員は彼にこう告げました。

「このシステムは古いから、いったん配信したら書き直しができないんだぞ!」

こうして、彼の「恥ずかしい誤送信」はその日1日中、配信され続けたのです。

このネタの用途例

◎「仕事の見直し確認」「メールの誤送信注意」を訴えるときの前フリ。

参考|『仕事は6倍速で回せ!』石塚孝一著　祥伝社

ネタ

49

思い込み防止策

私の飲み友だちに岩手県の久慈出身の男がいるのですが、彼は、子どものころ、「東京は岩手より北にある」と信じていたそうです。

理由は、「東京へ出かける人たちが、北へ向かう電車に乗っていくから」。

実は、当時、久慈から東京へ行くためには、最初、青森県の八戸の方へ向かわなければならず、結果として、北へ向かって出発する……というのが勘違いの原因でした。

初めて地図の見方を理解して、東京が岩手より南にあると知ったときは、文字通り天地がひっくり返るくらいの衝撃だったそうです。

お次は、会社で秘書の仕事をしている、ある女性の勘違い。

お歳暮の時期になると、デパートに「新巻鮭《あらまきじゃけ》」が出まわりますよね。内臓を抜いて塩を詰めたシャケですね。昔は藁《わら》で巻いたので「わら巻」と呼んでいたのが訛って「新巻」とか「荒巻」とか言われるようになったらしいです。

- ☑ 朝礼
- ☑ スピーチ
- ☑ 雑談
- ☐ プレゼン
- ☑ 接待

総合評価
★★★★

漫画の『サザエさん』には、波平が、お歳暮《せいぼ》で「あらまき」を人に送ったら、間違って「腹巻き」が送られてしまい、「毎日、腹に巻いて寝ています」とお礼状が届いて驚く……という傑作な4コマもありました。

さて。で、この会社の女性。

ずっと「新巻鮭」を鮭の種類だと思っていたそうです。

それどころか、子どものころは「塩鮭」も、そういう種類の鮭だと思っていたと言うのですから、なかなかの勘違いぶりです。

さっきの岩手の久慈出身の男も、この女性も、もし、1度でも日本地図を見たり、魚類図鑑を見たりしていたら、ずっと勘違いをすることもなかったはずですよね。

このネタの用途例

◎「知らないことを知った気にならずに、調べること」の大切さを訴える話の前フリ。

効果的なアレンジ例

◎もし、自分がずっと勘違いしていたことがあれば内容を差し替える。

ネタ

50

嗚呼、聞き間違い1

☑ 朝礼
☐ スピーチ
☑ 雑談
☐ プレゼン
☑ 接待

総合評価
★★★★

鬼瓦《おにがわら》ってご存じですよね？

屋根の瓦で、一番はじっこにある瓦のことで、厄除けや装飾のために鬼の顔をかたどることがあったので、そんな呼ばれ方をするようになったものです。

この前、友だちとごく普通に、飲み会の予定について話をしていたら、その友だちが、唐突に「オニガワラだね」と言ったんです。

会話の中に突然、「鬼瓦」って、おかしいですよね。

「はっ？　何それ？　どういう意味？」と思って聞き返すと、友人曰く。

「来年の飲み会について話しているから、『鬼が笑う』だねって言ったんだけど……？」

ことわざで、「来年の話をすると鬼が笑う」って言います。

「鬼が笑う」と「鬼瓦」。たしかに似ているような……。

こんな話もあります。

ある日、奥さんから「あなた、私、明日からオオオクに行くわ」と言われてビックリ仰天した旦那さん。「大奥」って、江戸時代じゃないんですから……。

もしかして、奥さん、頭がおかしくなったのではと思いながら、よくよく聞き返してみたら、実は奥さん、明日から「ウォーク」、そう、「ウォーキング」に行くと言っただけだったそうです。

聞き間違いにはご用心ですね。

話すときの注意点

◎くれぐれも、最初に「来年の話をすると鬼が笑うと言いますよね」などと言ってはいけません。オチがバレバレになってしまいます。

ネタ

51

嗚呼、聞き間違い2

- ☑ 朝礼
- ☐ スピーチ
- ☑ 雑談
- ☐ プレゼン
- ☑ 接待

総合評価
★★★★

ちょっとした聞き間違いによる誤解ってあります。

友人から「中華料理の油は体にイイ」と聞いたある人。

それからずっと中華料理を食べるようにしていたら、すっかり太ってしまいました。

久しぶりにその友人に会ったとき、「オマエが中華料理の油は体にイイっていうから中華ばっかり食っていたら太ってしまったぞ」と文句を言います。

するとその友人は驚いて言ったそうです。

「中華料理の油じゃない。オレは、地中海料理の油は体にイイって言ったんだ！」

言われてみれば、似ていますよね、地中海料理……。中華料理……。

こんな話もあります。

私の知人の娘さん、ある大学の付属高校に通っていて、大学では法学部を希望していました。受験の前年に、高校で、希望する学部ごとにグループ面接を受けたときのこと。そこで、「法学部に行って将来、何になりたいの?」という質問に「消防士」と答える学生が多いことに驚いたそうです。彼らの回答を聞きながら「男子はみんな運動部なのかな? それにしても、どうして法学部に行って消防士になるんだろう?」と不思議に思って、あとで、友だちに聞いたら大笑いされて、こう言われたとか。

「それ、消防士じゃなくて、司法書士《しほうしょし》でしょ!」

その知人の娘さん、「司法書士」という職業に馴染みがなかったために、「消防士」と聞き間違えていたのでした。

娘さんはその後、無事に法学部に入学しましたが、知人は、「こんな娘が法学部でやっていけるのだろうか」と不安に思っています。

このネタの用途例

◎誰かが聞き間違いをしたときに「そう言えば」とはじめる雑談ネタ。

効果的なアレンジ例

◎「普段から『聞き間違いネタ』をメモしておくと話題が増える」と伝えてもよい。

ネタ

52

はきたい子ども

- [x] 朝礼
- [ ] スピーチ
- [x] 雑談
- [ ] プレゼン
- [ ] 接待

総合評価
★★★★★

私が、満員電車に乗っていたときのことです。

むし暑い車内に、子どもの声が響きました。

「はきた〜い」

のっぴきならない緊急事態ですよね。その声に凍りつく車内。

そりゃ〜、大人の私でも気分が悪くなりそうな状態なので、わからないではありません。でも、この満員電車の中で吐かれた日には、そこそこの事件です。

どんなにうまく吐いても隣の人の服を汚してしまいそうですし、いくらビニールなどで受け止めたとしても、匂ってくるでしょう。天使のような子どものゲロちゃんだって、まさか、バニラビーンズの香りではないはず。

そんなことを考えて戦慄していると、またしても、さっきと同じ子どもの声が……。

「お父さん、はきた〜い」

頑張れ子ども! もうすぐ終点だ! と、心の中で叫ぶ私。

「は・き・た・いー!」と、いよいよ、さし迫った声。緊張する車内。

「しっ! もう少し我慢しなさい」とそれに応えるお父さんらしき声。

するとそのとき、「この電車は間もなく終点○○に到着します」という、神のお告げのようにありがたい車内アナウンスが!

電車は終点の駅に滑り込み、扉が開いてドッと降りる人々。私は流れに身を任せながら、どうしても声の主の姿を見たくて、声がした方向の人たちがいなくなるのを凝視していました。

すると、シルバーシートに、さっきの声の主らしき子どもの姿。

その子、片方だけ脱げてしまった靴を一生懸命に、はいていました。

そう。その子は、脱げてしまった靴を「はきたーい」と訴えていたのです。

このネタの用途例

◎ 通勤の話題が出たときの雑談ネタ。

ネタ

53

笑瓶師匠のオヤジトーク

□ 朝礼
□ スピーチ
☑ 雑談
□ プレゼン
☑ 接待

総合評価
★★★

落語家の笑福亭笑瓶《しょうふくていしょうへい》師匠。

雑談の達人で「雑談」に関する本まで出版しています。

師匠によると、世代の離れた若い相手と雑談をするときは、まず、等身大の自分をさらけ出して、相手をリラックスさせ、自分もラクになってしまうのだそうです。

たとえば、話をはじめる前に、「ちょっと、話が回りくどいかもしれへんけど」と言ったり、一緒にカラオケをするときは、「ちょっと、おっちゃんの曲、歌ってもええか?」と言ったり。自分の弱みを見せてしまう。

下心たっぷりに、若い女の子と話すときも、「オレ、脱いでもすごいで、身体、ぷよぷよやで」とか、「介護精神持ってるか?」とか言って、まずは弱みを見せるのだとか。

そんな笑瓶さんが、若い女性と話すときにトークでよく使うのが「やっぱり」という言葉。使い方は簡単です。

「うわっ、素敵な髪型！　どこで切ったん？　南青山？　代官山？」

「大宮の散髪屋さんです」

「やっぱり！　ステキなわけや。そのバッグもええな～。どこのブランド？」

「ええと。○○です」

「やっぱり！」

ねっ、簡単ですよね。

もしも、バッグのブランドが聞いたことがないブランドでも、「何、そのブランド？」なんて言わないで、「やっぱり！　さすが、ええもん知ってるなぁ」と言えば、それで相手はイイ気分になってくれるというわけです。

このネタの用途例

◎「『自分をサゲて、相手をアゲる』のが雑談の極意」という話の前フリ。

出典元｜『雑談力』笑福亭笑瓶著　ベスト新書

ネタ

54

マッカーサーを笑わせたジョーク

☑ 朝礼
☑ スピーチ
☑ 雑談
☑ プレゼン
☑ 接待

総合評価
★★★★

日本の戦後処理を行なった名政治家、吉田茂首相（当時）のエピソードです。

終戦直後の日本は深刻な食糧不足。吉田首相は「450万トンの食糧を緊急輸入しないと日本の国民は餓死してしまう」とマッカーサーに直訴します。

この訴えに対して、アメリカから輸入できた食糧は、6分の1足らずの70万トン。それでも、何とか餓死者は出さずに済みました。ところが、そのことに対して、後日、マッカーサーが吉田首相に抗議をしたのだそうです。

「ミスター・ヨシダ。私は日本に70万トンの食糧しか渡さなかったが、餓死者は出なかったではないか。日本の統計はいい加減で困るね」

このマッカーサーからのイチャモンに対して、吉田首相はこう言ったのです。

「当然でしょう。もし日本の統計が正確だったら、アメリカと戦争なんか始めません。それに、日本の統計が正確だったら、日本は戦争に勝っている」

これを聞いたマッカーサー、抗議はどこへやら。腹を抱えて大笑いしたそうです。

このネタの用途例

◎「ユーモアは、失礼な相手への切り返しや、危機を乗り切るときに強い武器になる」という話の前フリ。

効果的なアレンジ例

◎記者から、「どうしてそんなにお元気なんですか？」と質問された吉田首相が「人を食ってるからだ」と答えた有名なエピソードを入れてもよい。

ネタ

55

出陣前のダジャレ

オヤジギャグのダジャレというのは、皆さんにとってウットウシイものだと思います。でも、ときには「仲間の緊張をほぐすのに役に立つこともある」というお話です。

ときは永禄3年（1560年）。まだ、江戸時代の前の戦国時代ですね。

ある武将が戦《いくさ》に出向くにあたり、戦勝祈願のために、兵たちを連れて熱田神宮を訪れたときのこと。

武将は、そのときまだ27歳。戦国武将としてはまだヒヨッコです。

さて、その武将。熱田神宮に祈願したあと、熱田出身の侍である加藤《かとう》図《ず》書助《しょのすけ》順盛《のぶもり》に声をかけ、「神前に捧げるお神酒《みき》の酌をせよ」と命じます。命じられた加藤さんがお神酒のお酌をすると、その武将、周りの兵たちに聞こえるように、加藤さんにこう言ったのです。

「加藤よ、今日の戦は勝とう！」

- ☑ 朝礼
- ☑ スピーチ
- ☑ 雑談
- ☑ プレゼン
- ☑ 接待

総合評価
★★★★

今だったら、全員、ドン引き間違いなしのオヤジギャグです。

でも、これを聞いた兵たちは、こう思ったのではないでしょうか？

「おっ、うちの大将、若いのに意外と余裕があるな」

そのおかげかどうかは、わかりませんが、絶対的に不利だったその戦は奇跡的な勝利に終わったのです。出陣前にダジャレをとばした武将の名は織田信長。戦の相手は今川義元《いまがわよしもと》。そうです。桶狭間《おけはざま》の戦いです。

ダジャレ1つで兵たちの士気をあげた信長。やはり、若くして大物だったようです。

このネタの用途例

◎「ユーモアは周りの緊張をほぐす」という話の前フリ。

効果的なアレンジ例

◎この話は作り話ではなく、古い文献（＝『尾張名所図会《おわりめいしょずえ》』江戸末期〜明治初期にかけて刊行された尾張国の地誌）の一節にちゃんと記録が残っている実話、と説明してもよい。

ネタ

56

自己紹介の定番

- [x] 朝礼
- [x] スピーチ
- [x] 雑談
- [x] プレゼン
- [ ] 接待

総合評価
★★★★

私の先輩に、自己紹介のときに必ず「私の仕事は水商売です」と言う、イイ歳のオジサンがいます。

一見、マジメそうなオジサンが「水商売をしている」と言うと、聞いている人たちは「えっ、あの人が？」と注目します。そうやって皆の関心が自分に向いたところで、その先輩、「水商売というのは、つまり、水道局に勤めています」と言って笑いをとるのです。先輩がこの自己紹介をすると、いつも笑いが起こります。自己紹介の鉄板ネタを持っているとは、まったく、うらやましい限りで、私も水道局に勤めていればよかった……と思うほどです。

現在、『笑点』の司会をやっている春風亭昇太さんの今は亡き師匠は、春風亭《しゅんぷうてい》柳昇《りゅうしょう》さんといいますが、この人は高座にあがるといつも同じ鉄板ネタを披露していました。

それは、だいたいこんな感じです。

「え〜、わたくしは春風亭柳昇と申しまして……、大きなことを言うようですが、春風亭柳昇と言えば、現在、我が国において………私１人でございます」

この「我が国において」のあとに、たっぷりと間を取られると、毎回毎回、わかっているのについ笑ってしまったものです。

このネタの用途例

◎「自己紹介の定番ネタがあると便利だし、相手の印象に残る」という話の前フリ。

◎実際に自分の自己紹介に使う。

効果的なアレンジ例

◎自分の名前を使って、「わたくしは山田太郎と申しまして……、大きなことを言うようですが、山田太郎と言えば、現在わが社において……私１人です」と使ってもよい。

◎柳昇師匠が地方へ行ったときの挨拶の定番、「え〜、わたくし、○○には初めて参りましたが、イイところですねぇ。駅を降りると………道があってねぇ。それから、信号があって……」というネタも余裕があれば話の中に入れてもよい。

ネタ

57

講演会での定番

- [x] 朝礼
- [x] スピーチ
- [x] 雑談
- [x] プレゼン
- [ ] 接待

総合評価
★★★★

私の友人によく講演会で話をする人がいます。

彼によると、講演会では、「笑いをとるため」や「来場者にリラックスしていただくため」に定番ネタを持っているとのこと。

そのいくつかをご紹介しましょう。

晴れた日に。

「えー、本日は足元のお悪くない中、お越しいただきありがとうございます」

会場が盛況なとき。

「本日は、北は北千住から、南は南浦和まで、日本中の方に集まっていただきました」

これは、本当に遠くからの参加者がいるときは、「北は北海道から、南は名古屋まで」とリアルに言い、「北海道から来てくださった方は？」と、参加者に手を挙げてもらうと、会場内から拍手が起こって場がなごむそうです。

スケジュール説明のときに。

「本日は、これから明日の朝まで12時間半の長丁場ですが……」

わかっていても、お客さんは一瞬、「えっ?」となって、笑ってくださるとか。

やはりスケジュール説明のときに。

「これから約2時間、皆さん、気をたしかに持って最後までお付き合いください」

これは「気をたしかに持って」の部分を特に力を込めていうのがコツとか。

誰かを指名して質問するとき。

「誰かに質問してみましょうか。えーと、○○さん、もし、起きていたら……」

このように、友人はさまざまな決まりネタを駆使して、お客さんをリラックスさせているのだそうです。

このネタの用途例

◎人前で話す機会が多い人へのヒントとして。

ネタ

58

前セツの鉄板

☑ 朝礼
☑ スピーチ
☑ 雑談
☑ プレゼン
□ 接待

総合評価
★★★★

テレビのお笑い番組の収録などに行くと、本番がはじまる前に「前セツ」の人が出てきます。

それは番組のスタッフであったり、若手芸人だったりするのですが、要は、「皆さん、ゲストの人が出てきたら拍手をお願いしますね。じゃあ、1回やってみましょうか。せーの！」と、拍手の練習をさせたり、くだらないことを言ってお客様を笑わせて、本番前に「場を温めたり」するわけです。

彼らは毎日のように「前セツ」をやっていますから、「これを言えばお客さんに必ずウケる」という鉄板フレーズを持っています。いくつか紹介しましょう。

公開番組で、客席がお年寄りばかりだったら。

「今日の客席は年齢層が幅広いですね～。おじいちゃんからおばあちゃんまで」

同じく公開放送で客席のお客さんが少なかったら。

「はい、今日は、おかげさまで空席以外は満席ということで……」

逆に、満席だったら。

「今日は遠くから来ている方もいるんでしょうねぇ～。少し聞いてみましょうかね。えーと、それじゃ、まずはフィリピンから来たという方！」

どうですか？　どんな状況でも、とりあえず笑いをとって場をなごませるのです。

では最後に、そんな鉄板ネタの中でも、うまいな～と思った前セツです。

「皆さん、ゲストの人が出てきたら歓声をお願いしますね。そのとき、間違っても『誰？』って言わないように！　もし、ぜんぜん知らない人で、どうしても言いそうになったら、英語で、『Ｗｈｏ～！』って言ってください。歓声に聞こえますから」

注意事項とギャグが結びついているところがなかなかうまいです。

このネタの用途例

◎「社内イベント」などで文字通り場を温めるときに。

出典元｜『お笑い芸人直伝！　鉄板フレーズ100選』元祖爆笑王著　リットーミュージック

ネタ

59

結婚披露宴の挨拶ワザ1

知り合いの結婚披露宴で、お祝いのスピーチ。誰でも1度や2度は経験があるのではないでしょうか？

お祝いしたい気持ちはあるものの、「そのとき」のことを考えると、1週間前から緊張で心臓はバクバクです。

当日も、人の挨拶を聞きながら、もうすぐ自分があのマイクの前に立つと思うだけで、料理もノドを通りません。新婦の女友だちがお祝いの歌を歌ったり、親戚のおじさんが詩吟などを披露したりするのを見て、うらやましいと思うあなた。

少しスピーチ慣れをしている人なら、逆に、縁起の良い席だけに、どこまでふざけて……ではなく、ユーモアを入れてよいかも迷うところです。

以前に参加した披露宴では、こんな主賓挨拶をして笑いをとっている人がいました。

「○○君、××さん、本日はおめでとうございます。（立っている新郎新婦へ向かって）

- [x] 朝礼
- [x] スピーチ
- [x] 雑談
- [ ] プレゼン
- [x] 接待

総合評価
★★★★★

どうぞ、座って聞いてください。結婚式から続けて、さぞ、お疲れでしょう。……ヒロウ宴というくらいですから」

いや〜、これはウケましたね。「これから、つまらない主賓挨拶だ……」と思っていた来賓の人たちにとって、こういう人は救世主です。

かと思うと、こんな人もいました。

友人代表として挨拶に立った新郎の大学時代のサークル仲間の人、最初の1分くらい、新郎について、褒めちぎります。「彼は大学時代、ゼミでダントツにナンバー1の成績で、仲間からの信頼も厚く……」と、褒めに褒めて、「ふぅっ」と一瞬、間をとったかと思うと。「えー、冗談はさておき……」。これも、ドカンとウケていました。

今度、披露宴でスピーチすることがあって、ネタに困ったら使ってみてください。

このネタの用途例

◎「人前で話すのは緊張する」「今度、披露宴で挨拶する」などという話題が出たときの話材。

ネタ

60

結婚披露宴の挨拶ワザ2

☑ 朝礼
☑ スピーチ
☑ 雑談
☐ プレゼン
☑ 接待

総合評価
★★★★

結婚披露宴で祝辞をするときに使えるワザについて、続けてお話をしたいと思います。

今どきは、ちょっとネットで検索をすれば、すぐに「3つの袋」などの定番のネタが出てきますよね。これをそのまま使うのも手ですが、はっきり言って聞かされるほうは「また、この話か……」とウンザリしてしまうかもしれません。

そこでおススメしたいのが、「定番くずし」というワザです。

たとえば、「結婚生活で大切にしたい3つの袋」の3つは、『給料袋』（＝お金）、『堪忍袋』（＝辛抱）、『おふくろ』（＝両親）ですが、新婦が手料理の得意な人なら4つ目の袋、旦那の『胃袋』をガッチリつかんでくださいとか、明るい家庭を作ってくださいという意味で、「『笑い袋』を大切に」など、新たな袋を追加してしまうのです。

かつて、ビートたけしさんは、二代目林家三平さんへの結婚披露宴祝辞で、この

「3つの袋」の話をもとに、「まず1つめは『池袋』。これは都内どこへ行くにも便利です。それがダメなら『沼袋《ぬまぶくろ》』。これは新宿に出るのにやや近い。そして3つ目は『玉袋』。玉がダメになったら子どもができません。もしダメな場合は私に相談してください。うちの近所にいい医者がいます。ちょっと入り組んだ路地の奥にあります。これを我々は『袋小路』と呼んでおります」と言って笑いをとっていましたね。

SF作家の星新一さんは友人への結婚の祝辞で、「結婚は人生の墓場」という言葉をもとに次のような芸術的な「定番くずし」を残しています。

〈（前略）結婚は人生の酒場でありまして、楽しくなくてはならないところなのです。休業になっては困るのであります。おふたりが酒をお好きかどうか存じませんが、しあわせな気分に酔い、かつ、ひたるところです。時にはぐちをこぼしたりもするでしょうが、楽しい会話を重ね、精神的にも結びつきを強め、しあわせをかみしめて下さい。〉

このネタの用途例

◎ 自分や他人が結婚披露宴で祝辞をするときのヒント。

ネタ

61

宴会で「何か面白いことやれ！」と言われたら

- ☑ 朝礼
- ☐ スピーチ
- ☑ 雑談
- ☐ プレゼン
- ☑ 接待

総合評価
★★★★★

皆さんも、宴会などで、先輩から「何か面白いことやれ！」と言われて困ったことがあると思います。

何の前ぶれもなく、突然の指名。マイクとちょっとした舞台があって、そこで「何かやれ」とおっしゃる。「そんなこと、急に言われても！」と断ったりしたら場の空気が壊れてしまう……。そんな危機的状況です。

カラオケなら、何か歌えば解放されますが、「何でもいいから、何かやれ！」と言われると、ハタと困ってしまいますよね。

そんなときに使える、お笑い芸人のサバンナ、高橋茂雄さんが紹介している裏ワザをお教えしましょう。

高橋さんが、宴会で先輩芸人から「何かやれ！」と言われたときに使う裏ワザ。

ズバリ、それは……。

リクエスト！

先輩から、先のような無茶ブリをされたら、高橋さんはこう言うそうです。

「えーっ！　じゃあモノマネするんで、誰か指定してください」

こう言ってリクエストさせてしまうと、見ている側のハードルが下がります。

たいして似ていなくても、とりあえずはウケてくれるというのです。

「じゃあ、森進一！」と言われたら、どんなに似ていなくても「コンバンハ、森、進一です」とやってしまう……。

もし、「松田聖子」とか、とんでもないリクエストが出たとしても、「コンバンハ、ま・つ・だ・せ・い・こです」とやって、すぐさま「できるか！」とやれば、ウケるというわけですね。

このネタの用途例

◎接客業や営業マンの接待の場などに関するアドバイス。

ネタ

62

あんた誰？

私は他人《ひと》の顔を覚えるのが不得意で、そのために、ときどきサスペンスな思いをすることがあります。どこで会ったか思い出せない相手から「久しぶりですねぇ」と声をかけられるのは、本当にハラハラドキドキです。

もう、5〜6年も前のこと。新宿の地下街を歩いているとき、どう見ても会ったことがない黒いジャンパー姿のオジサンから、「うおーっ、久しぶり！　何年ぶりだ？」と声をかけられたときのことは今も忘れられません。

頭の中で必死に記憶を検索する私。しかし、どこの誰だかまったく思い出せません。こっちのことはおかまいなく、そのオジサンは「今、何やってんだ？　ちょうどいいや、これから飲みに行かねぇか？」と畳みかけてきます。

「これは、飲み代をたかられる」と思う私。しかし、そうではありませんでした。オジサン、「金なら心配すんな。今日、万馬券当てたからよ。おごってやるぜ。ほ

- [ ] 朝礼
- [ ] スピーチ
- [x] 雑談
- [ ] プレゼン
- [x] 接待

総合評価
★★★★

らっ」と言って長財布の中身を私に見せるのです。そして、財布の中には言葉のとおり、50万円くらいの札束が！

ほんの一瞬、「ついて行ったら面白いことになるのでは？」と悪魔がささやきましたが、良識ある私は「いえ、あの、その今日はこれから予定があるので……」と断ったのです。

「なんだよ、せっかく会ったのに、ノリが悪いなぁ～。そんじゃ、またな！」

そういうと、その見知らぬオジサンは風のように去っていきました。

いったい誰だったのか？　ついて行ったらどうなったのか？

今となっては永遠の謎です。

このネタのアレンジ例

◎自分の話として、演技っ気たっぷりにオジサンを演じる。

ネタ

63

スリリングな日常

☑ 朝礼
☑ スピーチ
☑ 雑談
☐ プレゼン
☑ 接待

総合評価
★★★★

たぶん、アメリカかイギリスあたりが制作した番組だと思うのですが、昔、ちょっとブラックなコメディ番組で、こんなショートストーリーを見たことがあります。

主人公は1人の会社員です。痩せていて長身でキッチリとした髪型。メガネをかけていて、いかにもマジメそう。

その彼が、仕事を終えて会社を出るところから始まります。

オフィスからの帰り道。

町に出ると、パトカーや救急車のサイレンはうるさく鳴っているし、銀行強盗らしき男が逃げていて警察官が追いかけているし、ビルの陰で銃を突きつけられて手を挙げている人はいるし、お店に車が突っ込んでいるし、戦車は走っているし……と、とにかく、町中がとんでもないことになっているのです。

それなのに、男はそれらの出来事がまったく目に入らない様子で、つまらなそうな無表情のまま、黙々と家路を急いで歩いています。

やがて、自宅についた男。

部屋に入ると、大急ぎで上着を脱ぎ、ネクタイをゆるめると、初めて表情を崩して、嬉しそうにベッドに飛び込みます。

そして……。

枕元にあったミステリー小説を、夢中になって読み始めるのです。

小学生くらいのときに見たので、記憶はあいまいですが、「すごいオチだなぁ」と思ったのを覚えています。

このネタの用途例

◎「人生は、目を開けてしっかり見さえすれば、すぐ身近で、刺激的な出来事がたくさん起こっている。ミステリー小説に頼らなくても、ドキドキワクワクする世界は広がっているはず」「小説のページを開くより、現実の世界で何かにチャレンジして、新しい扉を開こう！　ぜひ、チャレンジを！」などの話の前フリ。

ネタ

64

捨てられたペット

皆さんのなかにペットにイヌを飼っている方、いますか？

ペットってもう家族みたいなものですよね。アメリカでは、セレブが別荘にいる間に飼っていたイヌをそのまま捨てて行ってしまって、それが野生化した「サマードッグ」というのが問題になっていると聞いたことがありますが、とんでもない話です。

そういえば、友人からこんな話を聞いたことがあります。

その友人の知り合いが、ある日、「昨日、ペットを捨ててきた」と言ったのだそうです。その人はチワワを飼っていて、「たしか可愛がっていたはずなのに」と思った友人は、驚いて聞き返しました。

「えっ、ペット、捨てちゃったの？　捨ててきたって、どこに？」

すると、「駅前に大きなスーパーがあるじゃない。あそこに」と言うではありませんか！

☑ 朝礼
☐ スピーチ
☑ 雑談
☐ プレゼン
☑ 接待

総合評価
★★★★

「うそ！　捨てるくらいなら、誰かに引き取ってもらえばよかったのに！」

「誰も引き取ってくれないよ。あんなもん。だからスーパーの駐車場にあるペットを処理するための機械の中に入れてつぶしてきた。無料でペチャンコにしてくれるから」

チワワをペチャンコにって、信じられない話ですよね。

コイツ、血も涙もないなって思って、よく聞いてみたら、ただの勘違いでした。

知り合いは「家に溜まっていたペットボトルを捨ててきた」だけだったのです。

友人はしみじみと言っていました。「ペットボトルをペットって略すなよ……」

このネタの用途例

◎「ペットの話」や「聞き間違い」の話が出たときの持ちネタ。

効果的なアレンジ例

◎最初にペットのイヌの話から始めてペットの話と思いこませるのがポイント。
◎「人の話はちゃんと聞かないととんでもない勘違いをしてしまうものです」と、勘違いの話であることを最初に言うのも手。

ネタ

65

図書館で本を借りたら

- [x] 朝礼
- [ ] スピーチ
- [x] 雑談
- [ ] プレゼン
- [x] 接待

総合評価
★★★★★

最近は出版不況と言われ、本が売れないと聞きますが、ミステリー小説の人気はいまだに高いようです。

芥川賞や直木賞の賞金が100万円なのに対して、江戸川乱歩賞の賞金額はなんと10倍の1000万円。これだけでも市場の大きさの違いがわかりますね。

何かの番組で見ましたが、「ミステリー小説」を読むのは、脳にとって、とてもよいことなのだそうです。ミステリー小説の人気が高いのは、多くの人たちが、脳からの欲求に、知らず知らずのうちに従っているのかもしれませんね。

さて。これは、私の知り合いのN君の体験談です。

そのN君はとてもミステリーが好きなんですね。

それで、あるとき、図書館で横溝正史《よこみぞせいし》の作品を借りたそうです。

『犬神家の一族』や『獄門島』といったメジャーな作品ではなく、まだ、N君が読んだことがなかった作品を借りたのです。

そして、家に帰って、さっそく読み始めたわけです。

読み始めて、まだ十数ページという、前半も前半、ある登場人物の名前が赤いボールペンで囲まれていたそうです。そして、そのすぐ横に、これも赤字で、ハッキリとこう書いてあったのだとか……。

「犯人」

終了～～。事件が起こる前に、まさかの解決！　N君、ぼう然としたそうです。

このネタの用途例

◎「読書」や「本」などの話題が出たときのネタ。

効果的なアレンジ例

◎「ハッキリとこう書いてあったのだとか」のあとは、たっぷりと間を取ると効果的。

◎この話から「よく、映画などの解説で『意外な犯人』とか『ラスト5分のどんで ん返しがすごい』など、ネタばらしをしているものがある」と話を展開してもよい。

ネタ

66

大雪の日、タクシーで

- ☑ 朝礼
- ☐ スピーチ
- ☑ 雑談
- ☑ プレゼン
- ☑ 接待

総合評価
★★★

もう何年も前の大雪の日の話です。

私が住んでいた○○では、坂道で動けなくなった車がそのまま乗り捨てられていたり、バスが止まったりしていました。

その日、どうしても出かけなくてはならなかった私は、夜の10時くらいに自宅の最寄り駅に戻ってきたのですが、すでにバスはなく、駅前も閑散としています。

タクシーで帰るしかないのですが、タクシー乗り場で待っている人もいない状況。

道路はまだ雪で真っ白で、タクシーどころか、1台の車も走っていません。

それでも、私はダメ元でタクシーを待っていたのですね。すると、1台のタクシーがとろとろとやってくるではありませんか。地獄にホトケとはこのことです。

運転手さんは、30歳くらいだったと思います。私が行先を告げて「助かりました」と言うと、得意げに話し始めたのです。曰く。

「こう雪があっちゃ、チェーンも効かないからほかのタクシー運転手は営業をやめちゃうけど、オレは雪国出身だからチェーンなんて巻かなくても、ヘッチャラだね」

言われてみればそのタクシー、タイヤからチェーンの音がしません。

「チェーンを巻かなくて、よくスリップしませんね」と言ったのが、この運転手さんの雪国魂《だましい》に火をつけてしまったのです。

突然、下り坂でブレーキを踏んだかと思うと、ギュルルーッという感じでタクシーは急停車。「えっ？　何？」と驚く私に、運転者さん、こう言うではありませんか。

「なっ、雪道では、こうやれば、急停車できるのよ」

ドヤ顔でそう言われたら、命を握られているこっちは「さすがっスねぇ」としか言えません。その後も運転手さん、急発進などを披露してくださり、無事に家に着くまでは、それはもう、ジェットコースターよりもハラハラドキドキの体験でした。

このネタの用途例

◎ 雪の日の雑談ネタ。

ネタ

67

パラグアイの首都は？

☑ 朝礼
☑ スピーチ
☑ 雑談
☐ プレゼン
☑ 接待

総合評価
★★★★

どこかで聞いた笑い話です。

日本に観光旅行にきた外国人。「ありがとう」という日本語がどうしても覚えられないので、お礼を言うときは頭の中にワニを思い浮かべることにしました。

ワニを思い浮かべて「どうも、アリゲーター」→「どうも、アリガトウ」と連想して思い出せばよいと考えたのですね。

さて、その外国人が日本で親切にされました。

あっ、ここでお礼を言わなくては！

そう思って、とっさにワニの姿を思い浮かべ、こう言ったそうです。

「どうも、クロコダイル！」

このジョークの外国人は失敗しますが、なかなか覚えられないことも、連想や語呂合わせにすると覚えられるものですよね。

私の知り合いは、受験で各国の首都の名前を暗記したとき、パラグアイ共和国の首都であるアスンシオンがなかなか覚えられず、最後は自分で語呂合わせの言葉を作って覚えたそうです。その語呂合わせの言葉は……。

「パラグアイが悪いので、アスンシオン」

そうです。「腹具合が悪いので、明日《あす》にしよう」をもじったのです。

これ、一見強引な覚え方のようですが、妙に笑えて記憶に残ります。

事実、私はこの話を聞いてから30年以上になるというのに、おかげさまでパラグアイの首都を忘れることはありません。まあ、あまり役には立っていませんが……。

このネタの用途例

◎ 物忘れや記憶などの話題になったときの雑談ネタ。

効果的なアレンジ例

◎「あなたはどんな語呂合わせや記憶の工夫をしていますか？」と聞いてみる。

ネタ

68

「メビウスの輪」の男

以前にあるテレビ番組で、「日本人が好きなタレント」の世代別アンケートの結果を発表していました。それによると、なんと、すべての世代で明石家さんまさんが圧倒的な1位だったのです。

さんまさんは、どうしてここまで人気があるのでしょう。

タレントの関根勤さんは、さんまさんについて「あの人は、メビウスの輪」と言っています。「メビウスの輪」ってご存じですよね。帯をひとひねりしてから端っこをつなげるとできる「裏も表もない帯」のことです。

関根さんによると、「さんまさんは、テレビの本番と普段がまったく一緒。裏表がぜんぜんないからメビウスの輪」だと言うのです。

たとえば。ゴルフをやっているとき、キャディーさんがさんまさんに「何番のクラブにします?」と聞くと、さんまさんはこう答えます。

☑ 朝礼
☑ スピーチ
☑ 雑談
☐ プレゼン
☑ 接待

総合評価
★★★★

「5番アイアンと……キャディーさんの愛をちょうだい」

これを聞いたキャディーさんは大笑いするわけです。

道路の料金所でも、さんまさんは、わざと閉まったままの車のウインドウに手をぶつけて料金所のおじさんを笑わせます。

関根さんは、そういう「いつでもどこでも周りの人間を笑わせ続けるさんまさんの姿」を見るたびに、「この人はすごい」と感心しているのだそうです。

裏表がないと言えば、さんまさんは、元の奥さん、大竹しのぶさんとの過去についても、物まね付きでよくネタにしていますよね。しのぶさんとは、お互いに「お客様や視聴者にウケれば何を話してもいい」と約束を交わしているそうです。

また、スキャンダルで世間を騒がせているタレントが自分の番組のゲストに来ると、最初にそのスキャンダルについて「あれ、本当はどうなん？」と触れてくれるので、ゲストのほうも、逆に気がラクになるそうです。

このネタの用途例

◎「いつでもサービス精神を」「裏のない人は好かれやすい」という話の前フリ。

ネタ

69

誤訳でゴー！

昔、中学の英語の教科書に出ていた、「Spring has come.」という英文。今の教科書に出ているかどうかは知りませんが、この「春が来た」という単純明快な文章について、とんでもない誤訳をした生徒の話を聞いたことがあります。

何と訳したと思います？　その誤訳は……。

「バネを持って来い」

「スプリング」を「バネ」、「ハズ」を「持つ」と訳しているところがナイスですよね。

ほかにも、「No smoking.」（「禁煙」）の笑える誤訳を見たこともあります。

○○さん、「No smoking.」の誤訳、わかりますか？

「No smoking.」の笑える誤訳、それは……。

「私は横綱ではありません」

「smoking」イコール、相撲の王様。そう、横綱ですね。

☑ 朝礼
☑ スピーチ
☑ 雑談
☐ プレゼン
☑ 接待

総合評価
★★★★★

ちなみに、相撲の横綱は、英語では「グランドチャンピオン」だそうです。

もう1つ傑作誤訳。「don't touch me.」（「触らないで」）の「笑える誤訳」、わかりますか？　答えは……。

「立ち見禁止」

では最後に、逆のパターン。「覆水盆《ふくすい》に返らず」の笑える英訳。

Mr. Fukusui did not return to his hometown in the Bon Festival.

（フクスイさんはお盆に故郷へ帰りませんでした。）

これ、結構、好きです。

このネタの用途例

◎英語の話が出たときの雑談ネタ。

効果的なアレンジ例

◎「No smoking.」の誤訳は「横綱、お断り」「だめですよ、横綱」というバージョンもある。

ネタ

70

幻の課長

- [x] 朝礼
- [ ] スピーチ
- [x] 雑談
- [ ] プレゼン
- [x] 接待

総合評価
★★★★

私の知り合いの会社員の話です。

その人が新卒で会社に入った新人のころ、その人の中で「幻の課長」と呼んでいた人がいたそうです。

なぜ「幻」なのかというと、先輩社員の会話の中にだけ登場して、いくら座席表を見ても、そんな人がいなかったから。

その課長の名前は「ヤナセ課長」。

先輩たちの会話の中に、時おり「ヤナセさん」という名の課長が登場するのですが、その本人がどうしても見つからなかったのです。

新卒なので、「ヤナセさんて、どの人ですか?」と改めて聞くのも何となく恥ずかしくて、「姿なき謎の課長」のまま、なんとなく放置していたのです。

ところがある日、簡単に謎が解けました。すぐ近くで「ヤナセさん、それじゃ頼むね」と会話する声が聞こえる。

「ついにヤナセ課長の正体がわかる！」と思って目を向けた先には、柳沢課長の姿が……。

そうです、「ヤナギサワ課長」の愛称が「ヤナさん」。

それが、その知人には、ずっと「ヤナセさん」と聞こえ続けていたのでした。

知人曰く。

「もし、真面目な顔で先輩社員に『ヤナセ課長ってどの人ですか？』と聞いていたら、たぶん、大笑いされて、私が『伝説の社員』になるところだった……」

このネタの用途例

◎「新人のころはわからないことだらけなので、恥ずかしがらずに聞いていい」という話の前フリ。

効果的なアレンジ例

◎自分の思い出話として話す。

ネタ

71

秘密警察からの電話

- [x] 朝礼
- [ ] スピーチ
- [x] 雑談
- [ ] プレゼン
- [x] 接待

総合評価
★★★★

直接の会話と違って、電話というのは、相手の声だけがたよりです。

ですから、相手の滑舌が悪かったり、こっちの聞き取り能力に問題があったりすると、トンチンカンなことになります。

これは、そんな電話での聞き間違いに関する、本当にあった話です。

ある人、電話を取った人から、取り次ぎで、こう言われます。

「マリアンさんから電話です」

「えっ？　マリアンって誰？」

そんな外人さんの知り合い、いたっけ？　と思いながら電話に出ると、相手はこう名乗ったそうです。

「もしもし、森谷《もりや》です」

マリアンとモリヤ、たしかに似ていますけど、相手、男でしょうが！

こんな話もあります。

電話を取った人からの取り次ぎで、今度はこう言われます。

「秘密警察から電話です」

百歩譲ってマリアンまではなんとか許せても、いくらなんでも「秘密警察」から電話はかかってこないでしょう。その人が不思議に思いながら電話に出てみると、相手はこう名乗ったそうです。

「もしもし、清水建設です」

このネタの用途例

◎「電話の取り次ぎや伝言は正確に」という話の前フリ。

効果的なアレンジ例

◎これ、実は、落語家の林家たい平さんと、ちょっと天然ボケの前座さんの間で本当にあった電話のやり取り。アレンジしてオフィスでの先輩と新人とのやり取りとして話をするとグッと身近な話になる。

出典元｜『林家たい平　快笑まくら集』林家たい平著　竹書房文庫

ネタ

72

蛭子さんのアドバイス

☑ 朝礼
☐ スピーチ
☑ 雑談
☐ プレゼン
☑ 接待

総合評価
★★★★

今や、本業の漫画家よりも、個性派のタレントとしてすっかり売れっ子になっている蛭子能収《えびすよしかず》さん。

そんな蛭子さんに、あるお笑いタレントが自分の芸についての悩みを相談したときの話です。そもそも、「どうしてお笑い芸人が漫画家に芸の悩みを相談しているんだ！」という話はとりあえずタナにあげておきます。

で、芸についての悩みを相談された蛭子さんは、こんな話をしていました。

あるとき、蛭子さんは、ついうっかり、ギャンブル漫画の雑誌に描いている「競艇漫画」の原稿と、過激な雑誌に描いている「エッチな漫画」の原稿を間違ってあべこべに送ってしまったそうです。

送って数日経ってから、原稿を間違って送ったことに気がついたのですが、「まあ、いいや」と思って放っておいたのですね。そうしたら、どちらの雑誌社からも「原稿が間違えて送られてきています」との連絡がありません。それどころか、どちらの雑誌にも、間違えたままの原稿が掲載されてしまったのです。

しかも、掲載後、読者からも何も言われません。

蛭子さんは、こう思ったのです。

「あっ。だーれも、自分の漫画なんて見てないや」

それ以来、なんだかすごく楽になったのだそうです。

蛭子さんは、芸に悩むお笑い芸人へ、この話をして、最後にこう言っていました。

「世の中の人は、君のことなんて、たいして見てないから、気にしなくていいよ」

このネタの用途例

◎「小さな失敗にクヨクヨしている人」「仕事に完璧を求めて疲れてしまっている人」「周りの目を気にしすぎている人」などを励ますときの前フリ。

効果的なアレンジ例

◎「蛭子さんの本業が漫画家だと知っている人？」と手を挙げさせる。

ネタ

73

史上最高のなぞなぞ

☑ 朝礼
☐ スピーチ
☑ 雑談
☐ プレゼン
☑ 接待

総合評価
★★★

私の幼なじみに子どものころから「なぞなぞ」が好きで、今でもしょっちゅう「なぞなぞ」を出題してくる男がいます。

その彼が、この前、「史上最高のなぞなぞを仕入れた」と言って、私に出題してきたのが次のような「なぞなぞ」です。

「黄色い身体をして、時を告げ、ホーホーと鳴いて、空を飛ぶもの、なーに?」

わかりますか?

ちょっと考えてみてください。

もう一度言いますね。

「黄色い身体をして」

「時を告げ」

「ホーホー鳴いて、空を飛ぶもの」

です。

私が「オバケだろ」と答えると「違う」とのこと。

とうとう「わからない」と降参すると、彼は嬉しそうに答えを教えてくれました。

答えは、なんと。

「身体が黄色い時計付きのフクロウ」

答えを聞いた私が「なんだ、その答え! 何でもありじゃないか!」と文句を言うと、彼は「だからすごいんだ。こんな掟やぶりの『なぞなぞ』は初めてだ」と言って笑っていました。

このネタの用途例

◎「頭を柔らかくして発想すればブレイクスルーできる」という話の前フリ。

効果的なアレンジ例

◎なぞなぞ部分は何しろ「何でもあり」なので、自由にアレンジ可能。

ネタ

74

水島新司の野球解説

皆さんは、漫画家の水島新司《みずしましんじ》さんをご存じでしょうか？『ドカベン』や『あぶさん』などの野球漫画で有名ですね。

代表作の『ドカベン』は、主人公のドカベンこと山田太郎が中学生のときから始まって、高校時代は甲子園に出場。現在はプロ選手になっての掲載が続いています。

この水島新司さん、あるとき、「野球漫画以外は描《か》かない」と決めたとかで、以来、本当に野球漫画ばかり描いています。

その漫画がとてもリアルで、実在するプロ野球選手は全員、その選手の投球フォームやバッティングフォームを忠実に描き分けているんです。

それどころか、この水島新司先生。漫画への入れ込み方がハンパではなくて、漫画と現実の区別がつかなくなっているフシがあります。たとえば、南海ホークスに所属するプロ野球選手を主人公にした『あぶさん』を描いていたときは、球団へ電話をし

☑ 朝礼
☐ スピーチ
☑ 雑談
☐ プレゼン
☑ 接待

総合評価
★★★★

て「○月×日に、主人公のあぶさんと、○○選手を飲みにいかせたいんだけど、○○選手のその夜の予定はどうなってるかな？」と、本当に確認していました。漫画の中で飲みに行かせるだけなんですから、「勝手に描いてくれ」って感じですよね。

この水島先生が、テレビのプロ野球中継で解説者として呼ばれたことがありました。その放送の中で、アナウンサーが「水島先生が今までに見た選手の中で、最高のバッターは誰でしょうか？」と質問をしたんです。

その質問に対して、水島先生、キッパリとこう回答していました。

「ドカベンですよ、ドカベン！　山田太郎です！」

あまりの回答にアナウンサーは絶句してしまい、私が知る限り、それ以来、現在に至るまで、水島先生がプロ野球の解説に呼ばれているのを見たことはありません。

このネタの補足

◎『ドカベン』は「週刊少年チャンピオン」（秋田書店）に1972年〜1981年に連載。その後、『大甲子園』『ドカベン プロ野球編』などの、続編が発表されている。

ネタ

75

カメのトークがスゴイ

☑ 朝礼
☐ スピーチ
☑ 雑談
☐ プレゼン
☑ 接待

総合評価
★★★★

皆さんは、「東京ディズニーシー」の『タートル・トーク』をご存じでしょうか？

そうです。映画『ファインディング・ニモ』に出てくるウミガメのクラッシュが、映画館のようなスクリーンに登場して、ゲストとフリートークをするという、「東京ディズニーシー」でも、人気の高いアトラクションです。

「前から3列目の赤い服を着た彼女。名前は何ていうの？」

「みよこ」

「み～よ～こ～……。う～～ん、いい名前だぁ。首に巻いた海藻がキュートだねぇ」

と、とにかく、トークがイタリア人のナンパ男のように軽快です。

この前は、こんなシーンを見ました。

クラッシュが20代後半くらいの「まさひろ」という名前のゲストに、両手をあげる「イエ～い」というポーズをやってもらったのですが、何しろ、まさひろさんはもう大人なので、照れながら「イエ～い」とやったのですね。

それを見たクラッシュ、こう言ったのです。

「なかなか、いいぞ～、まさひろ。……でもな、知ってるぞ。………まさひろは………もっとできる子だ」

この間の取り方。ほかのゲストは爆笑です。さらにクラッシュは言います。

「……そうだ、まさひろ、いいことを教えてあげよう。ちょっと周りを見てみろ」

周りをキョロキョロと見まわすまさひろさん。クラッシュはこう続けたのです。

「わかったか、まさひろ。………みんな、………期待しているぞ」

このトーク術。そして、場をまわすうまさ。感服しました。

このネタの用途例

◎「場をまわすトーク術」についての雑談ネタ。

効果的なアレンジ例

◎クラッシュの言葉の部分は、表情豊かに間を取って演じる。

ネタ

76

ナゴヤが怖い

- ✔ 朝礼
- ✔ スピーチ
- ✔ 雑談
- □ プレゼン
- ✔ 接待

総合評価
★★★★

皆さんは子どものころのトラウマって何かお持ちですか？　これは、『永遠の0《ゼロ》』や『海賊とよばれた男』などの作品で知られる作家、百田尚樹《ひゃくたなおき》さんが、息子さんの「あるトラウマ」について語っている話です。

あるとき、すでに成人している百田さんの息子さんが「ボク、なんでかしらんけど、昔から『ナゴヤ』という言葉の響きに怖いイメージがあるんや」と不思議なことを言ったときのこと。それを聞いた百田さんの奥様は、ある出来事を思い出したそうです。

それは、その息子さんがまだ3歳のころのこと。「幼稚園に行かない」と言い出した日がありました。それで、百田さんが仕事で「名古屋に行ってくる」と言って家を出ようとすると、息子さんは「父ちゃんと一緒にナゴヤに行く」と言い出したそうです。

そこで一計を案じた百田さん、「じゃあ、父ちゃんと一緒に名古屋に行くか」と言い、大よろこびする息子さんを車に乗せると近所にある川へと連れていったのです。

河原は大人の背丈ほどもある草が生えています。車を降りた百田さんは、その草をかき分けて、息子さんに「さあ、一緒に名古屋に行こう」と言います。しかたなく必死にお父さんのあとをついてくる息子さん。「父ちゃん、名古屋はまだ」と訊いてきた息子さんに、「もうすぐや、この草を抜けて、川を渡ったら、名古屋や」と百田さん。「川、どうやって渡るの？」という息子さんに百田さんはこう答えたのです。

「泳ぐんや」

その言葉に泣きそうになる息子さん。うしろから笑いをこらえてついてきていたお母さんが「名古屋に行く？」と尋ねると、息子さん半べそでこう言ったそうです。

「幼稚園行く……」

このネタの用途例

◎トラウマに関する話が出たときのネタ。

効果的なアレンジ例

◎最後の息子さんの言葉は幼稚園児に成りきって、半べそをかいて言う。

出典元｜『雑談力　ストーリーで人を楽しませる』百田尚樹著　PHP新書

ネタ

77

偶然のダジャレ

マニアックな上に、古い話で申し訳ないのですが、昔、阪神タイガースにラインバックという名前の外国人選手がいたんですね。

で、そのラインバック選手はライトを守っていたのですが、あるとき、ラジオでプロ野球の実況を聞いていたら、アナウンサーがこう言ったんです。

「バッター打ちました。打球はライトへ！　ライト、ラインバック、ライン寄りにバック」

いやいや、本当にそう実況したんですって。〇〇さん、信じてください。

たぶん、アナウンサーはダジャレを言うつもりはなかったと思います。

こういう「意図しないダジャレ」って、「意図して言ったダジャレ」よりも笑えるときがあります。

これまた古い話で申し訳ないのですが、昔、日本の漁船が北方領土の近海でサケ・

☑ 朝礼
☐ スピーチ
☑ 雑談
☐ プレゼン
☑ 接待

総合評価
★★★

マスの漁をすると、ロシアが威嚇射撃をしてきたことがあったんですね。

日本にとっては大問題です。

そんな中、サケ・マスの漁に出かける漁師に、報道の記者が、「北方領土の近くへサケ・マスの漁へ行っているとき、もし、ロシアが機関銃で撃ってきたら、どうするんですか？」と質問をしたんです。

その質問に対して、漁師がこう回答していました。

「サケマス」

この偶然のダジャレ。完璧ですよね。

このネタの用途例

◎誰かがダジャレを言ったときに「ダジャレと言えばさ」という雑談ネタ。

効果的なアレンジ例

◎最後の「サケマス」の前には、たっぷりと間をとって、漁師に成りきって、目ぢからを入れて、キッと記者に向かってきっぱりと言う感じにする。

ネタ

78

歌舞伎町の2人

☑ 朝礼
☑ スピーチ
☑ 雑談
☐ プレゼン
☑ 接待

総合評価
★★★★★

新宿の「歌舞伎町」。

言わずと知れた、日本屈指のディープな町。

調べてみると、空襲で焼け野原となったこの地に、歌舞伎の演舞場を作るという復興計画があったものの、それが計画倒れに終わり、名前だけが残ったのが町名の由来なのだとか。

これからお話をするのは、そんな歌舞伎町で、私の友人が体験した話です。

その日、友人は早朝の歌舞伎町の映画館の前で、知り合いと待ち合わせをしていたそうです。

本を読んでいたので気がつきませんでしたが、ふと横を見ると、自分の1メートルくらい横で、まるで女優の松嶋菜々子さんのような美人がしゃがみ込んで泣いているではありませんか。

そして、そのすぐ横には、これまた女優のような美人が寄り添うようにしゃがんでいて、泣いている美人の肩に手をかけて、「男はアイツだけじゃないわよ」とかなんとか言っている。

どうやら、失恋して泣いている友だちをなぐさめている様子だったそうです。

友人の体験談をここまで話を聞いた私が、「それは、なかなか目の保養になったねぇ」と言うと、その友人は真顔でこう言いました。

「うん。でもな、その2人、両方とも声だけは美川憲一だったんだ…」

……やはり新宿は、一筋縄ではいかないディープな町のようです。

このネタの用途例

◎飲んでいるときの話のネタ。とくに新宿で飲んでいるときならベスト。

効果的なアレンジ例

◎2人のことは「女性」とは言わず「美人」というのがミソ。

◎泣いている美人は、そのときどきの美人女優の名前に変更してもよい。

4

朝礼・スピーチ・雑談で「へぇ〜っ」と感心される話のネタ 22本！

point

相手に感心される話をするときの、3つのテクニック

さて、第1章で、**「エピソードは『借りもの』で十分」**と言ったのを覚えておられますか?

この章には、古今東西から「へぇ〜っ」と人をうならせる話を22本集めました。

第3章の「笑いがとれる話のネタ」よりも、こっちの「感心してもらうネタ」のほうが「すべる」心配がない分、話術としてのハードルは低くても大丈夫かと思います。

とはいえ、聞いている人を飽きさせず、より大きな「へぇ〜っ」をいただくためには、いくつかのテクニックがあります。

そこで、この章でも、『へぇ〜っ』と人をうならせる話のネタ」をご紹介する前に、少しだけ「感心してもらえる話」をするための「誰にでもできるテクニック」についてお伝えします。

私が、「感心してもらえる話」をするときのテクニックとしておススメするのは次

の3つです。

1 「疑問を投げかける」

「感心される話」をするときのテクニック1

人間は、**「疑問を投げかけられると、答えを知りたくなる」**という本能を持っています。

何しろ本能ですから、たとえば、話の冒頭に「交通事故をゼロにする、たった2つの方法って何かわかりますか？」なんて、**疑問の投げかけから入られると、もう、自然に話の先が聞きたくなってしまう**のです。

疑問の投げかけは、繰り返してもOKです。

例に出した話題でも、「皆さんは、日本で年間に何件の交通事故が起こっているかご存じですか？」と疑問を投げかけてスタートし、具体的な数字を挙げて話に説得力を持たせてから、「では、交通事故をゼロにする、たった2つの方法って何だと思いますか？」と問いかけてもいいわけです(年間の交通事故件数が知りたくなってしまったあなたは、ご自身で調べてください)。

そうやって、皆が「答えを聞きたい」という空気を作ってから、「講習所のベテラン教官によれば、『ドライバー全員が交通規則を守る』『ドライバー同士がゆずり合う』

という2つだけで、必ず交通事故はゼロになる、と言っていました」と答えを言い、「規則を守ること」と「お互いに相手をおもんぱかること」の大切さを訴える話としてまとめればよいわけです。

この「疑問を投げかける」というテクニックには、**「誰かを指名して答えてもらうことで双方向コミュニケーションになる」「自分も指名されるのではないかという緊張感を与えることができる」**というメリットもあります。

さらに、「話を聞く人たちは、この人のことを知っているのかな？」と思う人物のネタを披露する場合は、出だしでサラリと「○○さん、二宮金次郎って何をした人かご存じですか？」と疑問を投げかけてから、二宮金次郎の略歴を紹介して、第3章で説明した「聞き手に予備知識を与える」ことも可能です。

2 「感心される話」をするときのテクニック2 「想像させる」

「ちょっと想像してみてください。あなたはある工場でトイレ掃除の仕事をしています。いい大人たちが働いている工場なのに、トイレに落書きが多くて困っているあなたは、落書きをさせないために、張り紙をすることにしました。さて、いったい張り紙に何と書きますか？」

こんな出だしで、話を始められたらどうでしょう。

「ちょっと想像してみてください」という、たったひと言が「魔法の言葉」になって、投げかけられた疑問に**感情移入**をして考えてしまいませんか？

「これは、ある工場でトイレ掃除を担当しているおばちゃんたちの話です」と始まるより、ずっと興味が増すと思いませんか？

これが「想像させる」というテクニックです。

こうやって、**「他人のエピソード」について、「自分ごと」として想像してもらう**のです。

その上で、「これは、ある工場で本当にあった話で、ここのトイレ掃除のおばちゃんたちは、あるひと言を書いた張り紙をトイレに貼って、落書きをゼロにすることに成功したのです」と続ければ、聞いている人たちは、もう興味津々のはず。

答えを知ったときの「へぇ〜っ」がより大きくなるというわけです。

ちみなに、おばちゃんたちがトイレに貼った張り紙には、こう書かれていたそうです。

「ここは、私たちの神聖な職場です。落書きしないでください」

なかなかイキな話ですね。

3 **「感心される話」をするときのテクニック3　「お土産を渡す」**

もちろんこれは、本当に「お土産を渡す」という話ではありません。

ここで言う「お土産」とは、**「役に立つ情報」**のこと。

つまり、人前で話をするときは、常に、相手が**「ああ、いい話を聞けてよかった。今度、誰かに話そう」**とか、**「役に立つ話を聞いた、明日から実践しよう」**などと思ってもらえる情報を入れ込むように意識するということです。

「人前で話をする内容を組み立てる」ときに、この思いを常に忘れないようにしていれば、話の内容は、自然に「へえ～っ」と思っていただけるものになるはずです。

これは、「テクニック」というよりは、「人前で話をするときの礼儀」とでもいうようなものですね。

この「役に立つ情報というお土産を持って帰ってもらう」というのは、有料のセミナーや講演会の講師なら、必ず意識をしていることです。

以上、「『へぇ～っ』と人をうならせる話をするときのテクニック」である、「疑問を投げかける」「想像させる」「お土産を渡す」という3つについてお話をさせていただきました。

この3つは、本書で紹介しているネタにも多用しているテクニックですので、ここからは、ぜひ、それを意識しながら読んでみてくださいね。

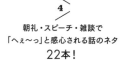

ネタ
79

黒澤明監督とトラ

かつてその完璧主義から「クロサワ天皇」とまで呼ばれた映画監督の黒澤明。『七人の侍』や『生きる』などの名作を残しています。彼がどれくらい完璧主義者だったかというと、空の雲が自分のイメージしている形になるまで待って撮影を始めたり、ロケ地で、民家から邪魔に伸びている木の枝を、そのお宅にお金を払って切ってもらったりと、それこそたくさんの伝説を残しています。

そんな黒澤監督が『デルス・ウザーラ』という映画を撮ったときのこと。主人公で猟師のデルス・ウザーラがジャングルで野生のトラと出会うシーンがあったんですね。当時はCGなんてありませんから、本物のトラが用意されました。

ところが、そのトラをひと目見た黒澤監督。「小さすぎる！　もっと大きなトラを！」と注文をつけます。スタッフがサーカスから大きなトラを調達してくると、今度は「目が死んでいる！　野生のトラでないとダメだ！」と注文。しかたなく、なんとか野生

☑ 朝礼
☑ スピーチ
☑ 雑談
☑ プレゼン
☑ 接待

総合評価
★★★★

のトラを用意すると、「ダメだ！　やっぱり小さい！」。
困り果てたスタッフ。いったいどうしたと思います？
なんと、用意した野生のトラを数か月かけて太らせてから撮影をしたのです！
そのおかげで、映画の野生のトラの登場シーンはなかなかの迫力になっています。

このネタの用途例

◎「相手を感動させたければ手間と時間を惜しむな！」と訴えたいときの前フリ。

効果的なアレンジ例

◎年配や映画好きに「○○さんは黒澤監督をよく知っていますよね」。逆に若い聞き手に「○○さんは知らないと思うけど、昔は日本を代表する監督だったんだよ」。

◎黒澤監督がダメ出しを繰り返すくだりで、「○○さんみたいにワガママですよね」と、聞き手が知っている個人名やワガママな取引先名を出す。

◎「どうしたと思います」の部分で数人に聞いてみる。万一、正解を言われたら「大正解！」と言って、話を続ける。

ネタ
80
場違いすぎた男

- [x] 朝礼
- [ ] スピーチ
- [x] 雑談
- [ ] プレゼン
- [x] 接待

総合評価
★★★★

私が尊敬するある人のエピソードです。その人は、某大学で教鞭《きょうべん》をとっていたり、セミナーを主催したり、本を執筆されるなどとても多彩な方です。

そうですね。仮にSさんとしましょう。

そのSさん、とてもさっぱりした性格で、かしこまったことが好きではありません。普段の服装もくだけた格好をしています。

そんなSさんが、ある大きなパーティーに参加されたときの話です。

そのパーティーは、一流ホテルで開催され、外国人の来賓も多いというとてもフォーマルな集まり。出席している人たちは皆、女性はドレス、男性もスーツをビシッと決めていました。

と、そこにやってきたSさん。その恰好は、なんと、作業着にしか見えない小汚い……ではなくラフな服装。その上、手に持っているのは紙袋という、とんでもなく場違いな身なりだったのです。

そんな恰好をしているのに、まったく臆することなく、パーティーの主催者とニコニコ話をするSさん。すると、その姿を見た外国人客たちが、主催者に次々とこう言ってきたのだそうです。

「いったい彼は何者なんだ？ すごい大物に違いない。ぜひ、紹介して欲しい！」

Sさんの態度があまりにも堂々としていたために、よほどの大物だと勘違いされたのです。

このネタの用途例

◎「堂々とした態度は、相手に『疑い』を持たせない」という話の前フリ。

効果的なアレンジ例

◎「ある歌舞伎の女形《おやま》は、全裸で女湯に入っても、周りの女性たちは彼が男だと誰ひとり気がつかなかった」「万引きは、あまりにも堂々とされると、かえって万引きGメンは見つけにくい」などの話を入れてもよい。

ネタ

81

スネ夫のお願い

☑ 朝礼
☑ スピーチ
☑ 雑談
☑ プレゼン
☑ 接待

総合評価
★★★★★

２０１６年10月にお亡くなりになった声優の肝付兼太《きもつきかねた》さん。

『ドラえもん』のスネ夫、『怪物くん』のドラキュラ、『ドカベン』の殿馬、『銀河鉄道９９９』の車掌さん、『天才バカボン』のおまわりさん、『おそ松くん』のイヤミなど、印象に残る役をあげていったらキリがありません。

きっと、皆さんの中にもそれぞれ肝付さんが演じた「思い出のアニメキャラクター」がいることでしょう。

これは、そんな肝付さんのエピソードです。

あるときのこと。ノドにポリープができてしまった肝付さん。

声優にとって「声は命」ですから、すぐに、手術する決断をしたのですが、手術を担当する医者に「これだけはお願いします」と、あることを伝えたそうです。

肝付さんが医者に何をお願いしたか、わかりますか？

それは、こんなお願いでした。

「ぜったいに、いい声にしないでくださいね」

どうも、執刀医が肝付さんに「手術すればいい声になりますよ」と言ったらしいのです。この言葉を聞いた肝付さんは、喜ぶどころか青ざめて、決していい声にしないように頼んだのだそうです。

肝付さんの声は、決してカッコよく主役を演じる声ではありません。

しかし、個性的な脇役を演じられる特徴のある声です。

肝付さんは自分の声が持つ、貴重な「個性」の強みを誰よりも知っていたのですね。

このネタの用途例

◎「自分の強みや個性を大切に」という話の前フリ。

効果的なアレンジ例

◎実は肝付さん、昔あった冗談グッズ『笑い袋』の「笑い声」の声をやったこともある方。聴衆に50歳以上の年配者が多ければ、雑学ネタとして話の中に入れてもよい。

ネタ

82

あと何滴入るでしょう？

- [x] 朝礼
- [x] スピーチ
- [x] 雑談
- [ ] プレゼン
- [x] 接待

総合評価
★★★★

いきなりですが、なぞなぞを1問。
「空《から》のコップには、水は何滴入るでしょう？」
どうですか？　わかりますでしょうか？
これはオランダの「なぞなぞ」だそうです。
ヒントは、コップの大きさは考えなくてよいです。
「なぞなぞ」ではありますが、答えはシャレとかではなく、論理的な解答です。
では、少しだけシンキングタイム。
……。
……。
さあ、そろそろ答えです。空のコップに、水は何滴入るか。
答えは………、

1滴!

○○さん、どうして1滴しか入らないか理由がわかりますか?

実は、理由は簡単なんです。

だって、「1滴でも水が入ったコップ」はもう『空のコップ』ではないではありませんか! だから、空のコップには水を1滴しか入れられないんです。

○○さん、ドン引きしていますね。

この「なぞなぞ」、「なるほど〜」という人と「へ理屈だ」と怒り出す人に分かれるでしょうね。ちなみに私は、答えを聞いたときに「やられた〜」と思いました。

このネタの用途例

◎「前提条件は刻々変わる」「盲点に気をつけろ」という話の前フリ。

効果的なアレンジ例

◎「1CCは約20滴なので、500CCのペットボトルには1万滴の水を入れられる」という雑学を入れてもよい。

出典元|『つい話したくなる世界のなぞなぞ』のり・たまみ著　文春新書

ネタ

83

会費を値上げするときに

☑ 朝礼
☑ スピーチ
☑ 雑談
☑ プレゼン
☑ 接待

総合評価
★★★★

想像してみてください。あなたは、自分が主催するイベントに知人を招待しました。フェイスブックでイベントページを立ち上げたところ、ありがたいことに多くの方から参加してくださるとの返事が。嬉しいかぎりですよね。

ところが、用意を進めるうち、会費を値上げせざるを得なくなってしまったのです。

さて、そんなとき、あなたならどうしますか？

正直に「値上げせざるを得なくなってしまいました」と報告して、「もし、不参加にしたい場合はご連絡ください」と伝えますか？

でもそれでは、皆、気をつかって「不参加」にできませんよね。そもそも、「値上げしたなら行かない」なんて、カッコ悪くて言い出せません。

気づかいの達人として知られるA子さんという人が、1か月後に迫った自分主催のイベントの会費を値上げせざるを得なくなったときのこと。

A子さんも、同じように考えました。

どうすれば、参加者が気がねなく「不参加」に変更できるか考えた末、彼女は、全員に次のようなメッセージを送ったのです。

「イベントの内容が少し変わりました。参加するかどうかご検討いただき、再度、参加ボタンをお願いします」

そういう案内を全員に送り、その案内のときは、会費が変更になったことを少し目立つように表示したのです。これなら、「会費が上がったのなら不参加」と思った人でも、欠席の理由がぼんやりしますよね。

A子さんのこの再メール作戦。ほとんどの方はそのまま参加でしたが、参加を見送った方もいたとのこと。A子さんの「断りやすくしてあげる配慮」は、見事に功を奏したというわけです。

このネタの用途例

◎「お金がからむことへの気づかいの大切さ」を訴えるときの前フリ。

出典元｜『デキる女は「抜け目」ない』風呂内亜矢著　あさ出版

ネタ

84

決着は○○で

「スープにハエが入っていたときにどうするか？」という有名なジョークで、「店に文句を言ってから裁判を起こす」とたとえられるほど、アメリカ人は裁判好きです。

さて、これは、そんな訴訟大好き国家、アメリカで、とても粋《いき》な方法でゴタゴタを解決したというお話。

アメリカの航空会社、サウスウエスト航空が、ライバル会社であるスティーブンス航空の宣伝文句をうっかり使用してしまったときのこと。同社は、「業務停止命令」を出されそうになり、それに従うか、法廷で争うかの岐路に立たされてしまいました。

そのとき、共同創立者であり、名誉会長でもあるハーバート・ケレハーさんは、とんでもない解決策をスティーブンス航空に提案したのです。

どんな解決策を提案したと思います？

なんと、答えは「腕ずもう」！

☑ 朝礼
☑ スピーチ
☑ 雑談
☑ プレゼン
☐ 接待

総合評価
★★★★★

ケレハーさん、相手のスティーブンス航空の会長に、広告の権利をかけた「腕ずもう」の勝負を挑んだのです。

そして、このとんでもない提案を受けて立ったのが、スティーブンス航空の会長です。

こうして、世紀の「腕ずもう勝負」は、ダラスのスタジアムを貸し切りにして、両者の社員を観客席で応援させ、マスコミを呼んでド派手に開催されました。

結果は、ケレハーさんの完敗。しかし、この「腕ずもう」は、両方の会社にとっていい宣伝になり、わだかまりも無くなって、一件落着になったそうです。

このネタの用途例

◎「トラブルのときは、何がウィンウィンになるか考えよ」という話の前フリ。

効果的なアレンジ例

◎冒頭のジョークは、「日本人は、ほかの人のスープにハエが入っていないことを確認して何も言わずに店を出る」「イギリス人はスープを飲まずに店主に皮肉を言う」「ロシア人は気にせずスープを飲む」「中国人はハエをつまみにする」などと続く。

ネタ

85

水になったワイン

☑ 朝礼
☑ スピーチ
☑ 雑談
☑ プレゼン
☑ 接待

総合評価
★★★★

もともとはどこかの国の民話らしいのですが、こんな話を聞いたことがあります。

村の教会に長い間いた牧師がほかの村へ移り住むことになり、村人たちは長年お世話になった牧師に対して、何かお礼をしたいと考えました。

しかし、なにしろ貧しい村で、感謝の品を贈ろうにもお金がありません。

そこで、「村人の全員が、自分の家にあるワインを1杯ずつ樽に詰めて贈る」という方法を考えたのです。この方法なら、1人ひとりは大した負担にならないし、全員で1杯ずつ出せば、ひと樽分のワインを牧師にプレゼントすることができます。

牧師が出発する前日、集会所に次々と村人たちがやってきて、備え付けられた樽に1杯ずつワインをそそいでは帰っていきました。

翌日。ワインで満たされた樽を贈られた牧師は感激し、その村を離れたのです。さて。

新しい赴任地に着いたこの牧師。その樽を開けてワインを飲もうとして驚きます。

なんと、ワインが真水に変わってしまっていたのです！

そう。勘のいい皆さんならもう真相はおわかりですよね。

この村人たち、「自分1人くらいならバレないだろう」と考えて、全員がただの水を樽にそそいでいたのでした。

このネタの用途例

◎『全員責任』は、結局、『全員無責任』に陥ってしまう。当事者意識を持ってことに当たろう」という話の前フリ。

話すときの留意点

◎スペインからインドあたりに分布する民話という説はあるが出典は不明（グリム童話説もあり。しかし、そもそもグリム童話は各国の民話を集めたもの）。村人たちが祭のために樽にワインを貯めようとしたというバージョンもあるそうなので、出典については「こんな話を聞いたことがあります」と、ゴマ化して話す。

ネタ

86

1枚のコインで幸せになる方法

朝礼 ✓
スピーチ ✓
雑談 ✓
プレゼン □
接待 □

総合評価
★★★★

ちょっとした寓話です。

昔、あるところに1人の物乞《ものご》いがおりました。

空きビンを拾ってお金に換えたり、「教会の炊き出し」をいただいたりして、何とかその日暮らしを続けています。

ある日のこと。道を歩いていた彼は、1枚のコインが落ちているのを見つけます。

金額にしたら、パンを1つ買うのにもほど遠い、わずかな額。

それなのに、この彼、拾ったそのコインをあることに使って、とても幸せな気分になったのです。

さて、いったいどんなことに、そのコインを使ったと思いますか?

なんと彼。拾ったコインを「恵まれない子どもたちを支援する慈善団体の募金箱」に入れて寄付をしたのです。

「いつもは、自分が人から施《ほどこ》しを受けているのに、今日は反対に自分が人さまに施しをした」

そう考えるだけで、とても幸せな気分になることができたのです。

このネタの用途例

◎「情けは人のためならず」という話の前フリ。

効果的なアレンジ例

◎「世の中で成功している人たち、たとえば、スティーブ・ジョブズ、松下幸之助、本田宗一郎など、誰もが他人を喜ばせることで自分が成功している」と話を広げてもよい。

ネタ

87

他人を笑う者は

✔ 朝礼
✔ スピーチ
✔ 雑談
✔ プレゼン
✔ 接待

総合評価
★★★★

たしか中学生くらいのときに、友だちが、茶の湯を意味する、お茶の道と書く漢字を「ちゃどう」と読んで、周りから、「こいつ、『さどう』のことを『ちゃどう』って読んだ」とバカにされたことがありました。

実は、どちらも正しい読み方で、江戸時代までは、むしろ「ちゃどう」と読むのが一般的だったと知ったのはずいぶんあとになってからのことです。

知り合いに茶の湯を趣味にしている人がいて、その人から『ちゃどう』という読みのほうが正しいくらい」と聞いて、驚いたのを今でも覚えています。

他人の言動について、ヘタにバカにすると、とんでもない恥をかくことがあります。

あるテレビ番組のスタッフが、街角でお年寄りに道を聞いたときのこと。

そのお年寄りが「それなら、あそこのテイ字路を右に……」と言うのを聞いた番組の若いスタッフたちが、「あのトシヨリ、T字路の『ティー』を『テイ』って発音していた」と笑った姿が放送されてしまったことがありました。これには、「あのスタッフたちはバカか？」という、たくさんの抗議が届いたそうです。

それはそうです。だって、テイ字路の「テイ」を漢字で書けば、甲乙丙丁《こうおつへいてい》の「丁《てい》」で、明治時代の小説にはよく登場した表現でした。アルファベットの「T」だと思っている人がいますが、そっちのほうが間違いなのです。

つまり、このスタッフたちは、お年寄りの正しい日本語に対して「小バカにしてしまった」というわけですね。まあ、そもそも、人に道を聞いておいて、その回答に対して笑うこと自体が失礼なのですが……。

しかしこれ、「自分のほうが知っている」と思っていると、ついやってしまう態度ではないでしょうか。番組の若いスタッフを反面教師として気をつけたいものです。

このネタの用途例

◎「すべてを知った気になって、他人の意見を全否定したり、あきれ顔をしたりするなかれ」という話の前フリ。

ネタ

88

売れ残りワインを売った張り紙

☑ 朝礼
☑ スピーチ
☑ 雑談
☑ プレゼン
☑ 接待

総合評価
★★★★★

私の家の近くに、「閉店」と「開店」を繰り返している紳士服のお店があります。「閉店」と言っても、完全に店を閉めるのではなく、こんな広告が新聞に挟まってくるのです。

「店内改装のため、○月○日から○月×日まで、閉店セール開催！」

そして、その期間が過ぎると、今度はこんな広告が新聞に挟まってきます。

「□月△日から□月◎日まで、新装開店セール実施！」

うまいですね。

要は、季節ごとに品物を入れ替えているだけなんですが、そのたびに閉店セールと開店セールを繰り返して、お客様の気を引いているというわけです。

このお店は極端な例ですが、実はこの「店内の模様替えをする」というのは、洋服屋さんでは、お客様の興味を引くためのとても一般的な方法なのだそうです。

同じ洋服がずっと同じ場所に吊るされていると、お客様はそれを記憶してしまって、「いつ来てもあの服は売れていないなぁ」となってしまう。

それが、店内の模様替えをすることでわからなくなり、まるで新しい洋服が入荷したような錯覚に陥るのですね。

では、最後に、「売れ残りワイン」を張り紙1つで売ってしまった酒屋さんの話。

その酒屋さん、なかなか売れないワインに、ある言葉を書いた張り紙をつけたところ、飛ぶように売れてしまったとか。

さて、何と書いた張り紙をしたかわかりますか？

それはこんな張り紙でした。

「お待たせしました！　やっと、入荷しました！」

このネタの用途例

◎「ちょっとした工夫で、特別感をあおるだけで商品は売れる。もっと工夫を！」という話の前フリ。

ネタ

89

お正月に凧あげをするのは

皆さんは「盗人《ぬすびと》の昼寝」という、ことわざをご存じですか？

これは、「盗人が昼寝をしているのは、夜に泥棒に出かけるために身体を休めているから」ということで、転じて、「一見、何の目的もなさそうに見える行為にも、実はそれ相応の狙いや理由があるものだ」という意味です。

普段、何気なく受け入れていることも、実はちゃんと理由があるもの。

たとえば、「凧あげ」という遊び。あれ、なぜかお正月にやりますよね。

考えてみると、別にいつやってもよさそうなものなのに、なぜ、お正月限定のようなイメージがあるのでしょう？

実はあれ、江戸のころ、仕事そっちのけで凧あげに夢中になる庶民たちに腹を立てた幕府が、「正月以外は凧あげをしてはならん！」と禁止令を出したからなのです。

庶民たちは、お正月になるのを心待ちにして凧をあげたのですね。

- 朝礼
- スピーチ
- 雑談
- プレゼン
- 接待

総合評価
★★★

さらに言うと、そこまで庶民に愛された凧あげは、明治時代になると急速に人気がなくなってしまいます。

その理由は、電気が普及して、あちこちに電線が張りめぐらされたから。

凧あげをできる場所が、少なくなってしまったからなのだそうです。

このネタの用途例

◎正月明け最初の朝礼などで「今年は従来のやり方に疑問を持って、クリエイティブな1年にしよう！」と訴える。

◎「慣例になっていることを受け入れるだけでなく、『なぜそうなのだろう？』と一歩踏み込んで考えると意外な理由がわかる」という話の前フリ。

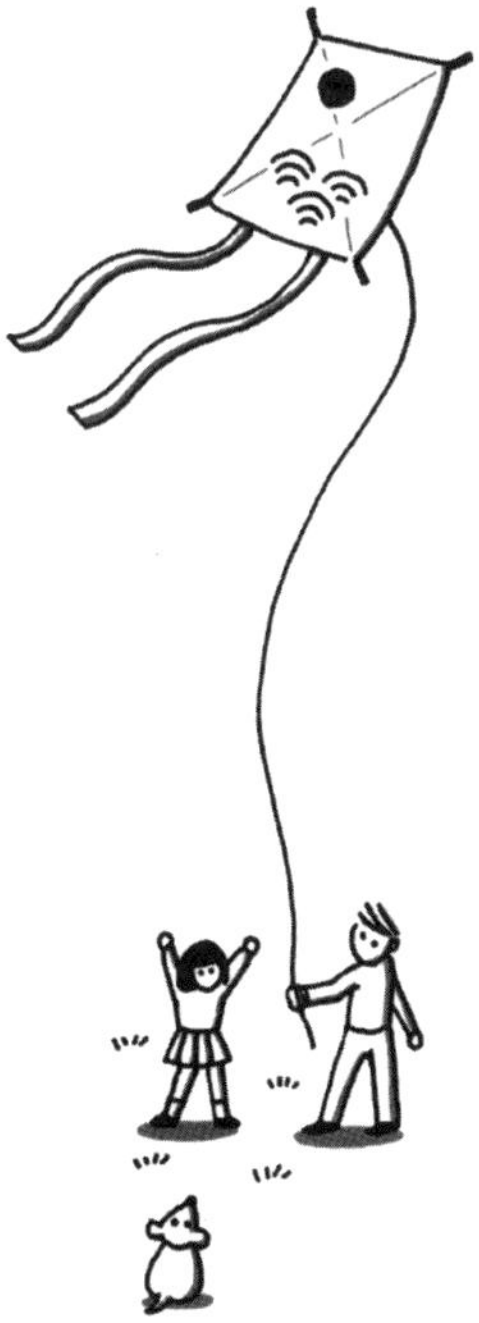

ネタ

90

リンカーンのなぞなぞ

アメリカの第16代大統領、エイブラハム・リンカーンがよく友人に出題していたという「なぞなぞ」の話です。

その「なぞなぞ」はこんな問題です。

「もし、シッポのことを『足』と呼んだとしたら、犬には何本の足があることになると思う?」

もし、あなたがリンカーンの知り合いで、いきなりこんな問いかけをされたら何と回答しますか?

リンカーンは、相手が「そりゃ、5本になるだろう」と答えると、得意顔でこう言ったそうです。

「4本だよ。シッポのことをいくら『足』と呼んだところで、足になるわけじゃない」

○○さん、「リンカーンて、性格悪!」という顔をしていますね。

☑ 朝礼
☑ スピーチ
☑ 雑談
☐ プレゼン
☐ 接待

総合評価
★★★★

たしかに……。私もそう思います。

でも、きっとリンカーンは「ものごとの本質を見ることの大切さ」を言いたかったのだと思います。

ものごとだけではありません。「人」だってそうです。日本人はとくに「肩書」に弱い。大げさな役職が付いていたり、経歴にアメリカの有名大学卒業なんて書かれていたりするだけで、その人を過大評価してしまうことが多々あります。肩書や経歴だけで相手を判断してしまうのは、「足」と呼んだだけで「シッポ」を「足扱い」するのと変わらない愚かな行為と思うのですが、皆さんはいかがでしょうか。

このネタの用途例

◎「見かけや名声、言葉のトリックにダマされるな。ものごとの本質を見ろ」という話の前フリ。

効果的なアレンジ例

◎「お金なんてちょっと便利なただの紙きれ。そのために人を殺すなんて、どう考えてもおかしい」という話を入れてもいい。

ネタ

91

パーティーで服装を外さない方法

☑ 朝礼
☑ スピーチ
☑ 雑談
☑ プレゼン
☑ 接待

総合評価
★★★★★

皆さんにも1度くらい、「パーティーで服装を外してしまった」という経験があると思います。招待状に「平服でお越しください」とあったので、つい、ジーンズにTシャツで出かけたら、自分以外は全員がスーツにネクタイだったとか……。

もう、パーティーのあいだ中、針のむしろですよね。そんなときにかぎっていきなりスピーチを頼まれたりしたら、恥ずかしくて、顔から火が出て天井に燃え移ってしまいます。

最近見かける「スマートカジュアルでお越しください」なんてもう、「何を着て行ったらいいのかハッキリ教えてくれーっ」と叫びたくなります。ちなみに、調べてみたらこの「スマートカジュアル」、ジャケットやチノパンあたりが定番でノーネクタイもありとのこと。サンダル、スニーカー、Tシャツ、短パンなどはNGなのだとか。

男性でもこれだけ悩むのですから、女性は本当にたいへんだと思います。

さて。パーティーに出ることが多い、ある女性が「パーティーで絶対に服装を外さない方法」を教えてくれましたので、ご披露しましょう。

その方法とは、次のような手順です。

○着ていく服のほかに、バージョンが違う着替えを持っていく。

○会場に着いたら、すぐに受付はせずに、遠くから受付をしている人たちの列を見る。

○列に並んでいる人たちの服装を見て、もし、自分が服装を外していたら、トイレへ行って、持ってきた服に着替えてから受付をする。

これなら、あと出しジャンケンですから外しようがありません。着替えを持っていく手間はありますが、荷物はフロントに預ければいいので邪魔にはなりません。

それに、外した服装でパーティー時間を耐え忍ぶより、100倍いいですよね。

このネタの用途例

◎「想定外の事態に備えた準備が大切」という話の前フリ。

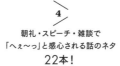

ネタ

92

鶴瓶師匠の電話

落語家でタレントの笑福亭鶴瓶師匠《しょうふくていつるべ》は、とてもファンを大切にすることで知られています。

番組で地方などへ行くことが多い鶴瓶師匠。一般の人と交流する機会がとても多いのですが、ロケ先では、どんなときにサインや記念写真をたのまれても、断ることはないのだとか。

本人曰く。

「言うとくけど、俺、日本で一番サインしてるよ。二千円札よりオレのサインのほうが多いわ」

ここまで豪語できるほど、サインをしているのですね。

あるときのことです。鶴瓶師匠は落語のライブで、ファンの女性からプレゼントと長い手紙をもらったそうです。

☑ 朝礼
☑ スピーチ
☑ 雑談
☐ プレゼン
☑ 接待

総合評価
★★★★

そして、その手紙の中には、その女性の自宅の電話番号が。

普通、芸能人はファンからプレゼントや手紙をもらってもそのままです。

ましてや、いくら電話番号が書いてあっても、美人のファンからメールのアドレスをもらった独身タレントでもないかぎり、直接、タレントのほうから連絡をすることなんてありえないことですよね。

ところが鶴瓶師匠、そのファンの女性の自宅へわざわざ自分から電話をかけてこう言ったそうです。

「プレゼントと手紙ありがとうな、全部読ませてもらったで」

1人ひとりのファンをここまで大切にする姿勢。できそうでできないことだと思います。一流は違いますね。

このネタの用途例

◎「一流の人ほど、自分のファンを大切にする」「自分の味方になってくれる人たちを大切に」という話の前フリ。

ネタ

93

謝罪会見でのNGワード

☑ 朝礼
☑ スピーチ
☑ 雑談
□ プレゼン
☑ 接待

総合評価
★★★★

落語家の三遊亭円楽さんは、不倫報道の謝罪会見のとき、丁寧にお詫びをしたあと、「聞かれたことはすべてお答えいたします」「芸人は女性にモテるくらいでないと、など時代錯誤だったと痛感」と素直に話し、最後は、記者からの「なぞかけ」の依頼という無茶ぶりにも「今回の騒動とかけまして、東京湾を出ていった船と解きます。（その心は）コウカイの真っ最中です」と傑作を残して笑いをとり、かえって世間の評価を高くしてしまいました。これは記者会見の成功例ですね。

テレビの情報番組で、「謝罪会見で言ってはいけないNGワード」について解説をしていました。それによると、つい、言ってしまいがちだけれど、実は言ってはいけない「NGワード」は次の3つなのだとか。

「誤解を与えてしまいました」「遺憾《いかん》に思います」「お騒がせしました」

これのどこが悪いの？　と思えるような言葉もありますね。

その理由は、それぞれ次のようなものでした。

○「誤解を与えてしまいました」↓「あなたたちが勝手に誤解したのだから自分は悪くない」と言っているのと同じで、謝罪していないから

○「遺憾に思います」↓自分ががっかりしたことを伝えているだけで、謝罪していないから

○「お騒がせしました」↓「あなたたちが騒いでいる」と言っているだけで、謝罪していないから

なるほど、言われてみればそうかもしれません。どれも、深層心理で「自分を守ろう」としていて、「心から謝罪していない」のが伝わってしまうのですね。

謝罪会見でしくじって表舞台から去る人もいれば、逆に円楽さんのように好感度を上げることに成功して生き残る人もいる。

大いに学びたいところです。

このネタの用途例

◎「謝罪は誠心誠意に」「保身に走ると逆に身を亡ぼす」という話の前フリ。

ネタ

94

新聞記者の機転

「自分ならどうするだろう？」と考えて、ちょっと、想像してみてください。

あなたは新聞社に勤める政治記者。

あるとき、飛行機に乗っていると、向こうの席に大物政治家が1人で座っているのが見えました。これは、またとない単独インタビューのチャンスです。

しかし、運が悪いことに、あなたは以前、その政治家の小さなスキャンダルをすっぱ抜いたことがあり、その政治家からは恨みをかっています。

さて、あなたなら、この政治家に何と声をかけてインタビューに持ち込みますか？

実はこれ、以前に何かの本で読んだ話で、ある記者が体験した実話です。

その記者が「お話をうかがいたい」と声をかけると、案の定、政治家はイヤな顔をして「以前に私のスキャンダルを書いたのはおまえだろう」と言ってきました。

しかし、この記者は機転を利かせた切り返しをして、まんまと単独インタビューに

☑ 朝礼
☑ スピーチ
☑ 雑談
□ プレゼン
□ 接待

総合評価
★★★★

成功したのです。さあ、彼はいったい、何と言ったと思いますか？

彼は、「以前に私のスキャンダルを書いたのはおまえだろう」と言ってきた政治家に、こう切り返したのです。

「そうです。私は、あなたは将来、首相になる器の人だと思っています。そのためには、小さなウミは早いうちに出しておいたほうがよいと思って記事にしました」

記者がそう言うと、途端に政治家は機嫌を直し、彼の単独インタビューに応じたのだそうです。

このネタの用途例

◎「突然、相手の味方側にまわるとうまくいく」「どんなときも一休さんのように機転を利かせれば逆転できる」「政治家に対しては『首相』のように、相手が必ず喜ぶキーワードを把握していると、いざというときに役に立つ」という話の前フリ。

効果的なアレンジ例

◎「彼はいったい、何と言ったと思いますか？」のあとに誰かを指名して聞いてみる。

ネタ
95
「三猿」の教え

☑ 朝礼
☑ スピーチ
☑ 雑談
☐ プレゼン
☐ 接待

総合評価
★★★★

「見ざる、言わざる、聞かざる」

言わずと知れた、日光東照宮の有名な像ですね。

「三つの猿」と書いて、「さんざる」とも「さんえん」とも読むようです。

私は修学旅行で日光へ行ったときに初めて実物を見ました。

この「見ざる、言わざる、聞かざる」という3体の猿の像。私はすっかり日本発祥のものだと思っていましたが、実はそうではなく、まったく同じモチーフが古代エジプトの像や、カンボジアの遺跡であるアンコールワットの壁画などにも見られるのだそうです。

インド独立の父と呼ばれるガンジーは、この三猿の像を肌身離さず持っていて、それを人に見せては、こんなことを言っていたのだとか。

「悪いことを見るな、悪いことを聞くな、悪いことを言うな」

ガンジーさんのこの教え、ちょっと聞くと「そんなにうまくいかないよ」と思いますよね。

でも、より具体的に、次のように考えてはいかがでしょう？

「人の失敗は見るな」
「人の悪口は聞くな」
「人に余計なことを言うな」

こう考えれば、他人とうまくコミュニケーションをとる心得として、良い関係を築く上で、とても役に立ちそうではありませんか。

このネタの用途例

◎「見ざる、言わざる、聞かざる」は、決して「都合の悪いこと」に対しての言い訳として使うものではないと伝える。

効果的なアレンジ例

◎「日光東照宮の三猿の像を見たことがあるか」を聞いてみる。

ネタ
96

地元の人たちの心をつかむコツ

- ☑ 朝礼
- ☑ スピーチ
- ☑ 雑談
- ☐ プレゼン
- ☑ 接待

総合評価
★★★

地方で講演をすることが多い講師や、地方で公演をすることが多い歌手などは、「初めての土地」へ行ったとき、お客様たちの心をつかむ「つかみワザ」を持っているものです。

漫画家のやくみつるさんは、年に数回の頻度で地方の自治体や各種団体に招かれて大勢の人たちの前で話す機会があるそうで、そのときには、会場へ向かう途中の電車や車の中で「つかみネタ」を仕入れるのだそうです。

やくさんが、目をつけるのは「地元の難読地名」。

たとえば、講演の出だしでこんなことを言うのです。

「ここに来る途中で難しい地名を見つけたのですが、あれはどう読むんですか？」

こう聞くと、会場の人が答えてくれたりして、コミュニケーションが生まれたりします。

地名のほかには、駅構内の案内看板や観光パンフレットなどを講演前にチェックして、名所や、町の歴史、地元出身の偉人をネタにすることもあるそうです。

三重県の伊勢市を訪れたときは、駅の看板で松浦《まつうら》武《たけ》四郎《しろう》なる人物が伊勢市出身だと知り、早速ガラケーで検索。

すると、彼が江戸末期の探検家で、「北海道」という地名の考案者だという、実においしいネタをゲットすることに成功しました。

講演では、冒頭に「当地出身の人物に松浦武四郎という方がいますが、この方が成した大仕事をご存じの方は、この会場に何人くらいおられますか？」と語りかけ、数名の来場者が手を挙げてくれたとか。

地方に行ったら地元ネタ。これが、すぐに受け入れてもらうコツのようです。

このネタの用途例

◎「相手にとって、身近で馴染みのあることから攻めるとよい」という話の前フリ。

参考｜『雑学の威力』やくみつる著　小学館新書

ネタ

97

神明裁判のカラクリ

- [x] 朝礼
- [x] スピーチ
- [x] 雑談
- [ ] プレゼン
- [ ] 接待

総合評価
★★★★★

日本で、「熱湯の中に手を入れて、罪を犯していれば火傷《やけど》をおい、無罪なら火傷をおわない、という裁判が行なわれていた」と歴史の時間に習いましたよね。

西洋でも、カトリックの教会で、「沸騰した湯や油の中の小石や指輪を拾い上げる」という同じような裁判が行なわれていました。

こうした、「何らかの手段で神の意思を仰ぎ真偽を判断する」ような裁判のことを神明裁判《しんめいさいばん》などと呼ぶそうです。

昔、学生のころ、授業でこうした裁判について知ったときは、「昔の人というのは、おバカなのではないだろうか？」と真剣に思いました。だって、熱湯に手を入れたら、火傷するに決まっています。やったが最後、全員が火傷をして有罪になるはず。

ところが……。どうも真実は違っていたようなのです。

まず、実際にクロの人は、自分が熱湯に手を入れても奇跡は１００パーセント起きないとわかっていますから、手を入れる前に自白することが多かったそうです。

次に、無罪の人。その人は自分が無罪だと知っていますから、「神の奇跡」を信じて果敢に熱湯に手を入れたそうです。そして、その結果、何パーセントかの人は本当に火傷をしなかったのです。ある教会では半分を超える人が火傷しなかったとか。

熱湯に手を入れて火傷しないなんて、「そんなバカな」って思いますよね。

もちろん、これにはカラクリがありました。裁判を取り仕切っているのは、西洋ならカトリックの教会の司祭《しさい》です。彼らは、罪人の証言を聞いたりして、「これは冤罪《えんざい》だな」と判断すると、細工をして火傷をしないようにしたらしいのです。こうすることで、無罪とおぼしき者を救うだけでなく、「熱湯に手を入れて火傷をしない」という「神の奇跡」も演出することができていたというわけです。

日本でも、熱湯に手を入れようとした人を直前で止めて無罪にしたり、火傷をしてしまっても無罪にしたりしたことがあったようです。

このネタの用途例

◎「真実を知りもせずに、相手をあなどってはいけない」という話の前フリ。

ネタ

98

おせんべい屋さんの心づかい

☑ 朝礼
☑ スピーチ
☑ 雑談
☑ プレゼン
☑ 接待

総合評価
★★★★★

毎年、たくさんの初詣客でにぎわう成田山新勝寺《しんしょうじ》。

その参道に「櫻せんべい阿部商店」というおせんべい屋さんがあります。

このお店、昭和62年に亀有からここに移転してきたといいますから、すでに30年以上も参道の顔の1つとして、成田山を訪れる人たちから愛されているわけです。

名物は堅焼きせんべいなのですが、このお店のおせんべいには、お客様のことを考えたちょっとした心づかいがあります。

○○さん、どんな心づかいだと思いますか？

このお店、実は、堅さの違うおせんべいを用意し、「年齢別」の表示をして販売しているのです。

店内に並ぶおせんべいには、たとえば「35歳くらい　げんこつ600円」「70歳くらい　かきもち500円」などの表示がされています。

おせんべいの堅さの調節は長年の蓄積による水分調整がポイント。乾燥時間を長くして水分を減らすと噛み砕きやすいおせんべいになるのだとか。
この配慮。もともとは「おせんべいが堅すぎる」という苦情があったのがきっかけなのだそうです。苦情があったときに、「堅焼きおせんべいのお店でおせんべいを買っておきながら、そんな苦情を言ってくるお客様はどうなの？」とは思わず、「それなら、お客様が安心して買えるようにしよう」と前向きに考えたのが偉いですね。

このネタの用途例

◎新年最初の朝礼のネタとして使う。
◎「お客様からのクレームは新しいサービスのヒントになる」という話の前フリ。

効果的なアレンジ例

◎「成田山へ行ったら、参道にこんなおせんべい屋さんがありました」と、目撃談として話すとリアル。

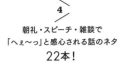

ネタ

99

世界一偉大な広告

- [x] 朝礼
- [x] スピーチ
- [x] 雑談
- [x] プレゼン
- [ ] 接待

総合評価
★★★★★

1961年にフォルクスワーゲン社が作成したフォルクスワーゲン・ビートルの広告は、発表からおよそ40年後に行なわれた「世界で最も偉大な広告」に関する世論調査で第1位を獲得しています。

1961年の広告が1位とは……。いったいどんな新聞広告だったと思いますか？

その広告、一見、ものすごくシンプルです。パッと見ると、フォルクスワーゲン・ビートルのモノクロ写真の下に、たったひと言のコピーがポツンと載せられているだけのもの。しかし、そのたったひと言のコピーにインパクトがあって、つい、添えられている小さな文字で書かれた説明文を読んでしまうのです。

そのたったひと言のコピーとは、つぎのようなひと言でした。

「欠陥車」

誰でも「な、なんで？」って思いますよね。この広告に添えられた説明文には、およそ次のような内容が書かれていました。

「この写真のビートルは、グローブボックス（＝車内にある小物を入れる蓋つきのボックス。昔はここに整備用の手袋を入れた）のまわりに汚れがあったため品質検査によって欠陥車となった。汚れを見つけてこのビートルを『不合格』にしたのは、ドイツのヴォルフスブルク工場で働く３３８９人の検査係のひとりである」

つまり、この広告、「欠陥車」というインパクトのあるマイナス表現を使うことによって人々の目を引き、自社がいかに厳しい品質管理を実施しているかをＰＲしていたのです。

このアイデア、たとえば、レストランの新メニューの広告で「今までのメニューの中で一番マズイ！」とやって、「このメニューは材料にお金をかけ過ぎてぜんぜんお店が儲からない。これはマズイ！」なんて応用したら面白いかもしれませんね。

このネタの用途例

◎「インパクトで引きつける効果」についての話の前フリ。

出典元｜『社長のための世界の朝礼ネタ集』ジャイルズ・ルーリー著　ヒカルランド

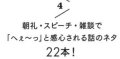

ネタ

100

新聞を使った研修

- [x] 朝礼
- [x] スピーチ
- [x] 雑談
- [ ] プレゼン
- [ ] 接待

総合評価
★★★★★

ある企業の「新卒社員研修」の中で行なわれた、とてもユニークなワークです。

まず、新卒社員を1チーム4〜5人にチーム分けします。

その各チームに新聞紙を配れば準備はOK。

あとは、次のようにルールを説明するだけです。

「これから新聞の第1面に文字がいくつ印刷されているかを数えてください。制限時間は1時間。数え方はメンバーで話し合って自由に決めてください。答えが出たら紙に書いて提出してください。用意、スタート！」

この研修、シンプルなのに実はとても奥が深いのです。

まず、メンバーが各人でいきなり数え始めるチームもあれば、誰かが議長役になって、最初に「どう数えるのが効率的か」を話し合うチームもあります。

数え方にしても、紙面を区切ってブロック分けし、そのブロックごとに担当を決めて数えたり、紙面の段組み1行の文字数とそれが何行あるかを数えて電卓で計算するなど、さまざまな進め方ができます。

さらに、「句読点《くとうてん》や数字は文字として数えるか？」など、メンバーで共通認識を持つ必要もある……。

つまり、仕事を進める上での、役割分担、段取り、作業の進め方、ルールなどを、短時間でギュッと体験できるのです。

やってみるとわかるのですが、これ、なかなか1時間では数え切れません。

何文字あるか、気になった方は、ぜひ、4〜5人で挑戦してみてください。

このネタの用途例

◎「仕事における役割、段取り、進め方」などの大切さを伝えるときの前フリ。

効果的なアレンジ例

◎新人研修などで実際にやると、リーダー、補佐、裏方など、各人の個性をつかむヒントにもなる。

おわりに
人の心をつかむ話

最後まで読んでいただきありがとうございました。

あなたが人前でお話をするときに、使えるエピソードがありましたでしょうか？

本書でご紹介したネタの多くは、実際に私が人と話をするときや人前で話すときに使ってきて、ウケをとってきたものです。

ぜひ、あなたの「話」を面白いものにする助けにしてください。

では、最後の最後に、これまで本書で語ってきたお話を、全部ひっくり返すようなエピソードを紹介してこの本の締めにしたいと思います。

それは、「世界のトヨタ」と呼ばれるＴＯＹＯＴＡグループの創業者である豊田佐吉《とよださきち》さんのエピソードです。

おわりに

人の心をつかむ話

佐吉さんが、晩年、それまでの発明を助けてくれた協力者の人たちに感謝するために、東京で「お礼の会」を開いたときのこと。

参加者の前に立ち、お礼の挨拶を始めようとしたのですが、これまでの感謝の気持ちが込み上げてきてしまって、佐吉さん、立ったまま絶句してしまったのです。

ただただ、くちびるを震わせて黙っている。

集まった人たちは、その姿に感動し、「わかりました、わかりましたから、もう座ってください」と声をかけて、佐吉さんの肩を抱いて座らせたのだそうです。

これほど感動的なスピーチがあるでしょうか。

佐吉さんは、ただのひと言もお礼の言葉を言えませんでした。

しかし、その感謝の想いは、千の言葉を駆使した名スピーチよりも参加者たちの心を打ったのです。

本書では、あなたの話を面白く、興味深くする助けとなる「ネタ」や「エピソード」

をたくさんご紹介しました。

しかし、そうしたものは、すべて、「本当に伝えたいこと」の前フリであり、味つけです。

どうか、心の底から伝えたいことを、強い想いを持って他人《ひと》に伝えてください。

本書が、あなたが「伝えたいこと」を他人に伝える助けになることを願ってやみません。

著者

※本書の執筆にあたり、参考にさせていただいた書籍の著者、出版元の皆さまに
改めて御礼を申し上げます。

【著者紹介】

西沢　泰生（にしざわ・やすお）

◉――1962年、神奈川県生まれ。子どものころからの読書好き・クイズ好きで、人を笑わせたり喜ばせたりするのが得意。大学時代は漫研に所属。在学中に「アタック25」「クイズタイムショック」などのクイズ番組に出演し優勝。「第10回アメリカ横断ウルトラクイズ」では、ニューヨークまで進み準優勝を果たす。

◉――大学卒業後は会社員となり、営業を経験した後、約20年にわたり社内報の編集を担当。その間、社長秘書も兼任する。日々、書籍やテレビから知識・雑学を集め続けた結果、さまざまなエピソードや名言に精通するようになる。2017年から本格的に文筆業。

◉――著書に、『大切なことに気づかせてくれる33の物語と90の名言』『小さな幸せに気づかせてくれる33の物語と90の名言』（以上、かんき出版）、『夜、眠る前に読むと心が「ほっ」とする50の物語』『本当にあった幸せな気持ちになる50の物語』『伝説のクイズ王も驚いた予想を超えてくる雑学の本』（以上、三笠書房）、『読むだけでポジティブになれる超一流の人のちょっと深い話』（アスコム）、『１分で心に効く50の名言とストーリー』（大和書房）、『「読むだけで売れる」魔法の物語』（産業編集センター）などがある。

◉――心が温まるショートストーリー（物語）の名手で、雑誌「ダ・ヴィンチ」の＜ひとに優しくなれる文庫＞の記事ではその旗手として特集された。

★著者連絡先：yasuonnishi@yahoo.co.jp

朝礼《ちょうれい》・スピーチ・雑談《ざつだん》　そのまま使《つか》える話《はなし》のネタ100〈検印廃止〉

2017年２月13日　第１刷発行
2018年９月３日　第３刷発行

著　者――西沢　泰生
発行者――齊藤　龍男
発行所――株式会社かんき出版
東京都千代田区麴町4-1-4 西脇ビル　〒102-0083
電話　営業部：03(3262)8011㈹　編集部：03(3262)8012㈹
FAX　03(3234)4421　振替　00100-2-62304
http://www.kanki-pub.co.jp/

印刷所――ベクトル印刷株式会社

 ISBN978-4-7612-7237-1 C0030